Comment créer et entretenir vos

bonsaïs

Comment créer et entretenir vos

bonsaïs

Peter Warren

LAROUSSE

DK | Penguin Random House

Édition originale
Bonsaï
Techniques • Styles • Display ideas
Copyright © 2014 Dorling Kindersley Limited, Ltd
80 Strand, London WC2R ORL
A Penguin Random House Company

Édition française
Traduction et adaptation
Catherine Delvaux

Direction de la publication
Isabelle Jeuge-Maynart & Ghislaine Stora
Direction éditoriale
Catherine Delprat
Édition
Agnès Dumoussaud
Réalisation
Else
Couverture
Anna Bardon

© Larousse 2015
ISBN 978-2-03-590289-4
Dépôt légal : septembre 2015

Achevé d'imprimer en juillet 2015
chez Livonia Print, Lettonie.

Sommaire

L'art des bonsaïs

Saisissants, intemporels, inspirants, les bonsaïs ont captivé des générations d'amateurs enthousiastes. Voici l'histoire de leur évolution et de leur conquête du monde.

L'art des bonsaïs

Pour beaucoup, les bonsaïs évoquent l'Orient, et d'obscures pratiques qu'une vie suffit à peine à maîtriser. La réalité est très différente : la culture des bonsaïs est une forme d'art réellement internationale et ouverte à tous. C'est une combinaison intéressante de technique, d'art et de connaissances en horticulture, qui permet de créer des œuvres vivantes qui, potentiellement, peuvent durer plus que votre passage sur terre.

On admet généralement que l'origine des bonsaïs est chinoise et l'on aurait même retrouvé des traces de plantes cultivées en pot au temps de Babylone. Mais toute plante cultivée en pot n'est pas forcément un bonsaï…

Qu'est-ce qu'un bonsaï ?

Les professionnels du bonsaï comme moi se posent chaque jour la question. Tout au long de mon apprentissage, la même question revint régulièrement. C'est très subjectif et éminemment personnel : certains voient les bonsaïs comme une sorte d'art oriental, d'autres comme une forme de jardinage extrême. D'autres encore les considèrent comme un chemin spirituel… ou un simple hobby. C'est à la fois tout cela et bien plus. Qu'est un bonsaï ? La réponse la plus immédiate s'impose : « C'est un petit arbre dans un pot ». Mais cette simple définition contient quelque chose de profond et de fascinant : une forme d'art étroitement mêlée à l'horticulture et qui touche au design, à la culture, à la religion, à l'artisanat et à la discipline.

La définition du bonsaï peut se comprendre par l'étymologie du mot même. En japonais, « bonsaï » est écrit en deux mots : « bon » signifie plateau ou pot, et « saï », plantation. Une plante en pot pourrait donc être, à la lettre, un bonsaï. Mais il existe un monde entre une jeune plante verte dans son pot en plastique et un pin de 600 ans, poussant dans une poterie chinoise antique vieille de 400 ans.

La différence entre une plante en pot et un bonsaï tient à l'influence artistique de l'homme sur le développement du végétal. Un bonsaï est créé, formé et entre-

Azalée

Pommier à fleurs

Genévrier chinois

tenu pour représenter un idéal de la nature. Le talent horticole seul ne fait pas un bonsaï. Sensibilité et sens artistique sont indispensables et doivent sous-tendre sa création. La beauté réside dans la majesté et le caractère d'un pin de 100 ans qui a passé sa vie en pot. Cela demande un niveau de compréhension et d'attention qui n'est pas nécessaire lorsque l'on regarde des fleurs colorées ou une plante luxuriante.

Dans toute forme d'activité humaine – l'art, notamment – il existe toujours une part d'artifice. Et c'est bien le paradoxe : si l'ego est trop fort, par exemple, et devient apparent dans le bonsaï, le résultat sera artificiel, ce qui nuira à la beauté naturelle de la plante. Mais une plante laissée à elle-même n'est pas aussi belle que ce que l'on pourrait croire. L'équilibre délicat entre l'action de l'homme et la nature fait partie de la fascination qu'exercent les bonsaïs.

En Occident, la définition du bonsaï reste hésitante. Ce n'est ni de l'art, ni de l'horticulture ; ni de l'artisanat, ni de la science. Il faut avoir l'esprit ouvert pour aborder les bonsaïs et jouer de tous ces aspects pour créer de la beauté et du sens. Sans un œil artistique, les connaissances en horticulture et le savoir-faire sont inutiles ; s'il ne sait pas comment faire pousser l'arbre avec vigueur et de la manière dont il a envie, l'artiste ne pourra créer son chef-d'œuvre vivant. Car c'est exactement ce qu'est un bonsaï : une œuvre vivante, sous l'influence des saisons, mais aussi des différentes personnes qui en prennent soin. Un arbre qui a vécu plusieurs centaines d'années a connu de nombreuses générations de jardiniers et s'est construit une riche histoire et une personnalité, que racontent les fissures de son écorce et la courbure de ses branches. Il n'a pas seulement un passé, il a aussi un futur ; c'est donc une forme d'art qui transcende l'individu et le présent.

Mélèze japonais

Prunellier

Aubépine

Les origines

Les gravures japonaises comme celle-ci, datant de 1780-1820, montrent que les bonsaïs faisaient partie de la vie quotidienne. On voit deux femmes, accompagnées de leur serviteur, admirant les arbres d'un marchand.

On admet généralement une origine chinoise aux bonsaïs. Dans les peintures de la période Sung (960-1279), ils sont présentés comme le passe-temps des nouveaux riches. Connus sous le nom de *pen t'sai*, ces arbres furent de toute évidence cultivés en pot, pour leur donner une valeur esthétique et métaphysique.

On trouve aussi des traces de bonsaïs au VIe siècle. C'est peut-être à cette époque que les bonsaïs se diffusèrent au Japon, en même temps que d'autres idées culturelles ou religieuses comme le Tendai ou le bouddhisme zen. Au XIVe siècle, les bonsaïs sont ancrés dans la culture japonaise. Dans un rouleau du *Kasuga gongen genki-e* (littéralement les « rouleaux illustrés des miracles des divinités shinto de Kasuga »), peint par Takashina Takakane (1309), on observe des arbres en pot dans le jardin d'un riche propriétaire. Un certain nombre d'autres sources de cette époque, incluant des poèmes, des essais et des pièces de théâtre Nô, présentent des images semblables de bonsaïs.

Le développement des idées esthétiques japonaises nous donne un aperçu du développement des bonsaïs. Un très vieux texte japonais, *Utsubo Monogatari* (*Le conte de l'arbre creux*, vers 970-999), affirme que la beauté naturelle ne peut passer que par la main de l'homme : « Un arbre laissé à lui-même est une chose brute. Ce n'est qu'au contact des humains qui le travaillent avec amour que sa forme et son style acquièrent la capacité d'émouvoir. »

La popularisation

Les influences bouddhistes reculèrent, durant la période Edo (1603-1867), devant la popularisation des bonsaïs et l'émergence d'une nouvelle pensée chinoise. Unifié après des années de tourmente, le Japon devint stable, prospère, et la culture des bonsaïs commença à se répandre dans la classe moyenne, de plus en plus fascinée par la forme et la structure des arbres. Parallèlement, le nombre d'espèces disponibles explosa, avec l'introduction de plus de 200 camélias hybrides et de 160 azalées nouvelles.

L'élite, composée de moines, de professeurs et d'artistes, prit un chemin légèrement différent durant la période Edo. Elle s'éloigna du bouddhisme zen pour se rapprocher du confucianisme et des idéaux taoïstes. Le mouvement des lettrés fut popularisé par des artistes qui se concentrèrent sur la calligraphie, la peinture, la poésie. Les lettrés japonais de la période Edo suivirent la tradition chinoise de la peinture des lettrés chinois (*wenren*), copiant le style de la peinture du sud qui mettait en scène des paysages où les arbres sont idéalisés.

Caragana de Chine

Pin noir du Japon

Pin sylvestre

Les artistes lettrés furent très influencés par le livre *Les enseignements de la peinture du jardin grand comme un grain de moutarde (Jieziyuan Huazhuan)*, publié pour la première fois en 1679. Cet ouvrage apprend à peindre le paysage de manière idéalisée. Ces images idéalisées ont ensuite été transférées aux bonsaïs par les lettrés qui étaient aussi d'ardents amateurs de ces arbres.

Les Japonais entretiennent une relation unique avec la beauté naturelle qui influence tous leurs arts. Il existe un désir d'une beauté surnaturelle, qui serait l'essence même de la beauté, et qui s'appliquerait même à un pin. La nature n'est pas forcément belle, elle agit au hasard, elle peut même être mortelle. Dans le désir de contrôler, de perfectionner et d'idéaliser la nature, cette relation avec la beauté de la nature va au-delà de l'approche visuelle : elle devient métaphysique, prenant racine dans le bouddhisme zen et le shinto, deux disciplines très influentes au Japon. L'impact du bouddhisme sur les arts japonais et en particulier le Zen, est important quand on étudie les bonsaïs. On y voit souvent une approche minimaliste, le fameux « less is more » des Anglo-Saxons, où le moins est un plus. Il suffit de regarder les arbres japonais, ceux des lettrés, notamment, qui ont inspiré un genre éponyme de bonsaïs, aux troncs vénérables, tortueux et portant un nombre minimal de branches. C'est la poursuite de l'idéal, utilisant le minimum pour montrer la nature même du sujet, ôtant tout ce qui n'est pas nécessaire pour ne garder que l'indispensable.

Une nouvelle industrie

À la fin de la période Edo, une nouvelle activité avait de toute évidence émergé, en étroite relation avec un groupe de collectionneurs, aristocrates ou riches marchands. Des expositions se montèrent pour les connaisseurs et le premier livre traitant réellement des bonsaïs fut publié. Le *Somoku Kinyou Shu* (1829) est un livre de jardinage comprenant toute une section sur les pins bonsaïs et expliquant le concept de « branches taboues ». Il pose quelques principes de base pour créer un « bonsaï parfait », tout en décrivant la difficulté d'arriver à une telle perfection.

Le désir de stylisation est un thème commun à de nombreux arts japonais, comme l'ikebana ou la cérémonie du thé et peut être interprété à tort comme un ensemble de règles contraignantes. En fait, l'art des bonsaïs est l'un des arts japonais les moins codifiés, à cause du manque d'écoles formelles dictant le style et la forme. À la place d'écoles structurées, des groupes informels comme le Jurakukai de Tokyo ont organisé des rassemblements où les professionnels et les riches amateurs pouvaient se rencontrer et admirer des bonsaïs.

Érable japonais

Genévrier de Californie

Orme champêtre

Manifestations et expositions

Les expositions de bonsaïs devinrent le pivot de cette forme d'art – elles le sont encore de nos jours. La première date de la période Tenmei (1781-1788). Des pins formés dans le style traditionnel furent exposés à Tokyo par des professionnels, satisfaisant ainsi les demandes émanant de riches aristocrates amateurs. À partir de 1912, le monde des bonsaïs japonais s'organisa sérieusement. Une exposition nationale se tint dans le parc de Hibiya de 1914 à 1933, puis déménagea à la Galerie d'art métropolitaine à Ueno, un quartier de Tokyo. Il s'agissait de promouvoir la beauté saisonnière des bonsaïs, grâce à des expositions de printemps et d'automne. Les exposants étaient souvent de hauts fonctionnaires ou de riches aristocrates, ce qui accrédita l'idée que ce passe-temps était réservé à une élite. La Seconde Guerre mondiale, source de multiples difficultés, stoppa net les manifestations pendant trois ans.

Dans les années 1950, les expositions reprirent de plus belle. L'intérêt des Japonais, mais aussi du reste du monde, entraîna un besoin d'organisation. En 1962 naquit l'idée d'une société nationale qui regrouperait plusieurs clubs régionaux et nationaux plus petits. Ce fut finalement fait en 1965. Dans ce laps de temps, l'Association nippone pour les bonsaïs mit sur pied une grande exposition dans le parc de Hibiya en 1964. La date coïncidait avec les jeux olympiques de Tokyo. L'engouement suscité permit à l'association de monter une exposition encore plus importante pour promouvoir les bonsaïs à une échelle mondiale. Expo '70, la foire mondiale d'Osaka, en 1970, fit découvrir les bonsaïs à des millions de gens. Ainsi débuta le boom moderne des bonsaïs.

Rencontre Est-Ouest

Bien que l'Occident ait connu les bonsaïs depuis le début du XVIIe siècle, ce ne fut qu'à la période Meiji que cet art sortit de la confidentialité. Les expositions internationales du tournant du XXe siècle, et plus particulièrement celles de Paris en 1878 et de Londres en 1909 furent le premier vrai contact du public avec les bonsaïs. Après la Révolution Meiji (1867-1868), la diaspora japonaise créa une communauté importante sur la côte ouest d'Amérique du Nord et véhicula avec elle la culture des bonsaïs. Clubs et cours se mirent à fleurir. Mais la plus grande influence sur les bonsaïs modernes japonais et occidentaux fut peut-être l'intérêt des forces occupantes durant l'après-guerre, qui maintinrent vivante une communauté sur le point de s'éteindre. Plus de dix ans après la fin de la guerre, des centaines de milliers d'Européens et d'Américains vécurent au Japon. Ils revinrent nombreux chez eux avec la passion des bonsaïs.

Plusieurs livres furent publiés durant les années 1950, 1960 et 1970 ; des clubs et des

Houx crénelé

Orme de Chine

Genévrier des Rocheuses

sociétés virent le jour un peu partout dans le monde. Des expositions, des conférences et des ateliers permirent de partager les idées, les connaissances et les techniques, tandis que des maîtres japonais voyageant en Europe et en Amérique firent passer leur savoir et leurs idées.

Un développement mondial

On pratique l'art des bonsaïs dans le monde entier, mais en dehors de l'Asie, c'est en Espagne, en Italie et plus récemment aux États-Unis que l'on trouve le plus haut degré d'enthousiasme, de talent et les plus beaux arbres. Cela tient au climat et à l'environnement, mais aussi au tempérament artistique de ces passionnés. La qualité et la disponibilité des arbres collectés dans la nature (*yamadori*), ajoutées au climat favorisant leur développement rapide permettent aux amateurs et aux professionnels d'améliorer la qualité de leurs plantes. La difficulté d'importer des espèces, la distance et les différences de conditions de culture entre le nord et le sud des États-Unis ont conduit à un développement fragmenté. Le climat offre une large gamme d'espèces, des plantes tropicales, comme des Ficus, des palétuviers gris, et des cyprès chauves, cultivés en Floride, à des plantes de montagne comme des genévriers des Rocheuses, des pins jaunes ou des épicéas d'Engelmann. En Europe, il est possible d'importer des arbres japonais et chinois, via un processus de quarantaine non destructrice, mais les lois des États-Unis et de certains autres pays imposent d'ôter tout le substrat, ce qui entraîne un taux de mortalité élevé chez les arbres.

Le boom des bonsaïs de l'après-guerre toucha tous les pays asiatiques. Taïwan, aux liens culturels étroits avec le Japon, a longtemps été considéré comme un fer de lance, mais récemment, la Chine a profité de son succès économique pour relancer le *pen'tsai*, rebaptisé *penjing*. De grandes expositions se sont tenues dans ce pays et une nouvelle et excitante esthétique est en train d'émerger. Basée sur les styles et les techniques traditionnelles, l'image finale est souvent très différente de celles des arbres japonais, très raffinée, plus statique. Chaque pays asiatique a son style : le Vietnam et la Corée par exemple sont à l'opposé de la Chine et du Japon, tandis que l'Inde s'est développée séparément de ses voisins, se tournant plus vers l'ouest, et vers les maîtres anglais et américains pour trouver son inspiration. Avec tous ces nouveaux développements, le futur des bonsaïs semble aussi fascinant – et dynamique qu'il l'a été par le passé.

Mélèze européen

Cotonéaster

Séquoia à feuilles d'if

Les bases

Vous trouverez ici l'essentiel des connaissances à acquérir, les règles pour choisir vos pots, les outils dont vous avez besoin et un calendrier des travaux à réaliser pour maintenir vos arbres au top.

Comment poussent les arbres

Garder en tête que les arbres sont des organismes vivants, qu'ils respirent, est la clé du succès avec les bonsaïs. Si vous comprenez leur physiologie et leur donnez ce dont ils ont besoin, vous pourrez exprimer beaucoup plus vite votre tempérament artistique.

Le minimum vital

Chaque arbre demande pour survivre une quantité variable de lumière, d'air, de chaleur et de nutriments. Ces éléments essentiels sont collectés, transformés, stockés et distribués dans l'arbre par ses racines et son feuillage. Il est vital de comprendre ce qui se passe dans le feuillage et dans ce qui est caché mais essentiel, le système racinaire. Quand, porté par l'enthousiasme, on veut créer très vite un beau bonsaï, il est facile de couper trop de feuillage, de supprimer trop de racines – ou pas assez - ou de donner le mauvais type de terre ou le pot inadapté.

Le feuillage représente à la fois la peau, les poumons et le centre énergétique de l'arbre. Le dioxyde de carbone, l'oxygène et l'eau sont absorbés et rejetés dans l'atmosphère à travers les pores des feuilles. La quantité de feuillage sur une branche et la quantité de soleil qu'elle reçoit déterminent la quantité d'énergie générée par ce rameau. Si elle est insuffisante, la branche va mourir. Les arbres qui perdent trop de feuillage peuvent avoir du mal à s'en remettre et demander plusieurs années avant de repartir. La capacité à pousser est exponentielle et le taux de croissance peut doubler chaque année. Plus il y a de feuillage, plus il y a d'énergie créée, qui peut ensuite être utilisée pour générer plus de feuilles – et plus de croissance. En général, plus il y a de feuillage poussant activement, mieux c'est.

Les racines sont les intestins de la plante ; elles absorbent les nutriments et l'eau du sol et les transportent aux feuilles où ils sont utilisés pour créer de l'énergie. Elles stockent aussi l'excédent d'énergie en hiver, pour le redistribuer au printemps. De la même manière qu'elles absorbent les nutriments, elles rejettent aussi du CO_2 et d'autres gaz indésirables.

De nombreux arbres ont des relations symbiotiques avec des champignons bénéfiques (mycorhizes). Sur les pins, on peut observer une espèce de mousse blanche qui recouvre les racines. Les champignons reçoivent des carbohydrates de la plante en échange d'eau et de nutriments qu'ils puisent dans le sol – de fait, ils agissent comme une extension du chevelu racinaire. Les mycorhizes se plaisent dans une large gamme d'environnements, mais ce sont des organismes aérobies et ils ont besoin d'oxygène pour survivre.

Pour cultiver des bonsaïs, le challenge est de créer de bonnes conditions dans un pot peu profond, capable de retenir l'eau et les nutriments, permettant les échanges pour que les gaz toxiques soient remplacés par de l'air frais.

La plupart des bonsaïs préfère vivre dehors, là où le feuillage peut profiter du soleil et de l'oxygène pour la photosynthèse.

Circuit de l'énergie de l'arbre

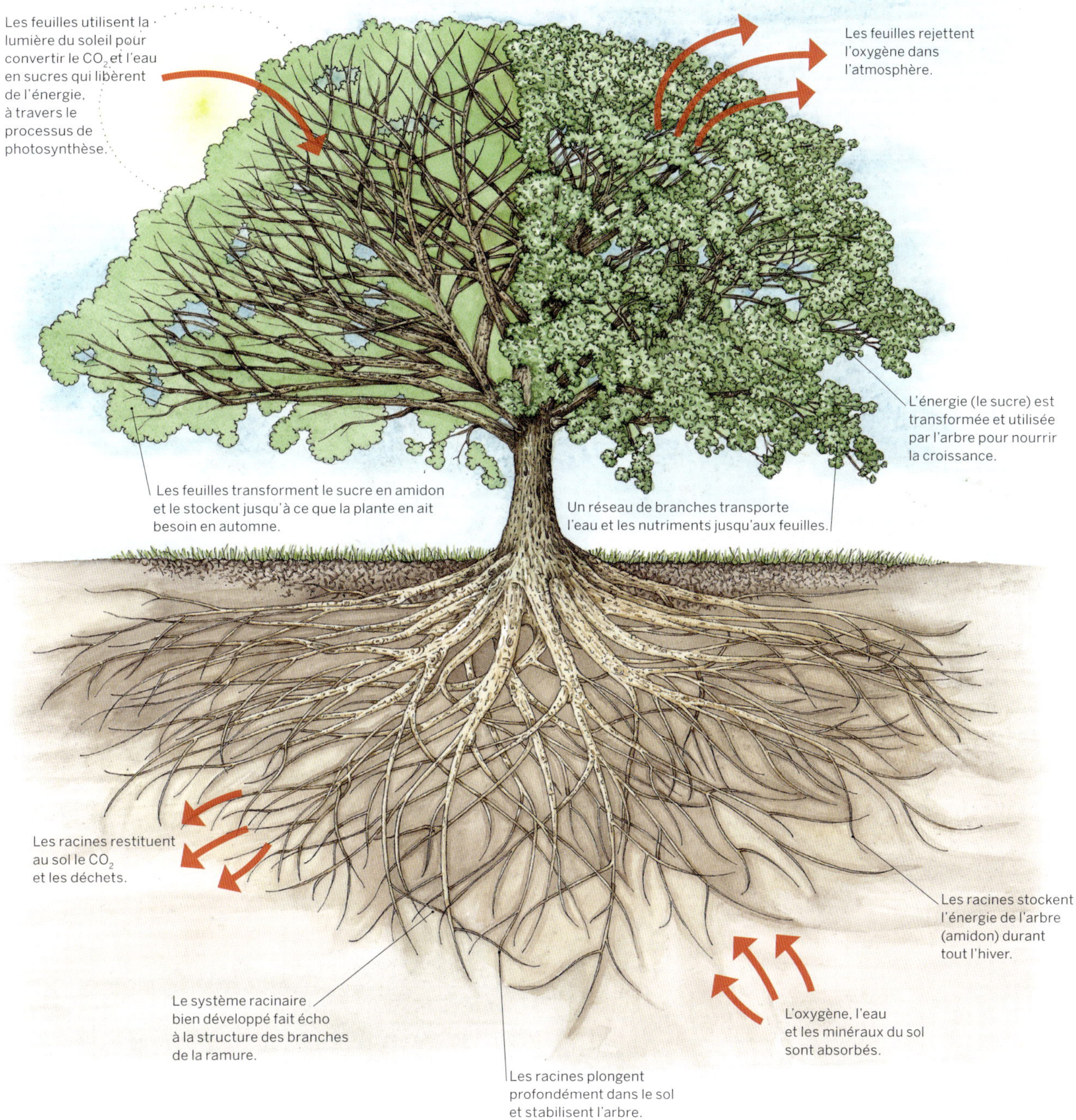

Un bonsaï : comment « ça marche » ?

Réussir un bonsaï, c'est avant tout créer les bonnes conditions de sol et gérer efficacement les racines et le feuillage. Connaître l'habitat naturel de l'espèce que vous travaillez vous aide en vous donnant une idée des conditions dans lesquelles feuilles et racines prospèrent.

Créer les bonnes conditions

Certains arbres de haute montagne ont évolué pour se développer plus efficacement sous une lumière intense ; d'autres préfèrent la lumière filtrée par la canopée d'une forêt. Si ces deux types d'arbres étaient placés dans des situations opposées à leurs besoins naturels, ils auraient du mal à survivre. Et cela est aussi vrai pour tous les autres facteurs naturels : la nature du sol, la quantité d'eau et d'engrais. Cependant, si vous trouvez un arbre poussant dans des conditions difficiles en pleine nature, cela ne signifie pas que vous devez reproduire cet environnement pour vos bonsaïs. Un genévrier peut survivre dans un environnement hostile, mais il appréciera un sol fertile et des conditions plus douces.

On utilise du fil métallique pour stabiliser les arbres et ligaturer les branches.

L'importance du sol

Il est essentiel de parvenir à un bon équilibre entre l'eau et l'oxygène dans le sol. Une terre constamment humide va entraîner l'accumulation d'air vicié et de déchets gazeux qui vont nuire à la fois aux mycorhizes et au pH du sol. Et votre arbre va finir par souffrir. Trop ou pas assez d'eau va aussi affecter l'arbre, pensez-y. Les pots à bonsaïs ont de larges trous de drainage dans le fond. De plus, on utilise toujours un substrat très drainant ou l'on épand une couche de substrat grossier au fond du pot. Cela permet un bon drainage mais aussi et surtout une bonne aération du sol. En effet, il ne s'agit pas tant d'évacuer l'eau que de laisser l'oxygène pénétrer.

Racines et branches

Dans un pot à bonsaï, la fonction du système racinaire est la même que celle d'un arbre en pleine terre. Cependant, la structure des racines est aussi très importante, au plan esthétique et physiologique. Le système racinaire peut être vu comme l'image en miroir du système aérien ; une ramure bien développée a besoin d'un système racinaire ramifié de la même manière et un arbre possédant deux très grosses racines poussant autour du pot aura aussi deux très fortes branches.

Il s'ensuit que le système racinaire doit être construit pour supporter le système aérien et la croissance que vous attendez pour la canopée. Supprimer la racine pivotante très tôt est important pour encourager la pousse de racines latérales. Mais ces dernières doivent être conduites de manière à pousser uniformément sans que l'une ou l'autre ne prenne le dessus. Un *nebari* (la base des racines) bien équilibré, tel qu'on en voit sur des arbres âgés est le résultat d'un travail régulier sur le système racinaire. L'objectif étant de promouvoir une croissance équilibrée. Les branches sont donc de la même façon très fines, bien ramifiées et équilibrées. Tailler les racines est aussi important que tailler les branches. Mais ne taillez pas trop sévèrement, sinon, l'arbre va souffrir. Si vous ne taillez pas assez, l'arbre ne va pas se développer comme vous le souhaitez. Fournissez-vous auprès de spécialistes : les racines des arbres que vous achèterez auront déjà été travaillées pour que les plantes deviennent des bonsaïs.

L'arrosage et les apports d'engrais sont importants, car votre arbre ne peut compter sur des réserves qu'il irait chercher profondément dans le sol. Chaque arbre a ses propres besoins.

Ligaturer les branches vous permet de les mettre dans une position plus esthétique. Le but est de former une image idéale de l'arbre, en se servant de peu de branches.

Les fils d'ancrage fixent l'arbre dans le pot. Il n'a pas besoin de racine pivotante et le chevelu racinaire qui collecte les nutriments peut se développer.

Tailler les racines conserve le chevelu racinaire vigoureux et fonctionnel. Les fines racines fibreuses sont importantes pour la santé de l'arbre.

Les styles de bonsaïs

Un certain nombre de styles de bonsaïs reproduisent les ports des arbres dans la nature. Ces dessins vous donnent une idée des variations de ces styles et de leurs origines. N'essayez pas à tout prix de faire entrer un arbre dans une catégorie, en effet de nombreux bonsaïs peuvent être rangés dans plus d'un style.

Semi-cascade

Les branches qui cascadent ne descendent pas sous la base du pot, mais il y a un net mouvement général descendant. L'apex est normalement au-dessus du pot, ce qui rend la composition plus stable visuellement que la cascade.

Cascade

Évoquant les branches qui poussent à flanc de montagne, les charpentières tombent de l'apex, à l'extérieur du pot. Un pot profond et une forte surface racinaire apportent l'équilibre visuel.

Style penché

C'est un style droit informel, qui montre un angle net dans une direction. L'apex est décentré par rapport à la base du tronc ; l'instabilité visuelle doit être contrebalancée par un fort *nebari* (la base des racines) ou une masse de feuillage.

Style droit informel

Le mouvement du tronc et la position de l'apex sont équilibrés par la longueur et le volume des branches. La direction de la silhouette est claire et l'ensemble dégage une impression de stabilité.

Style droit formel

Le tronc est droit, avec des branches équilibrées de chaque côté, dans une direction, à gauche ou à droite, selon la longueur des branches. Plantez ce type de bonsaï légèrement décentré.

Style balai

La silhouette est arrondie, comme un balai retourné. Les branches partent soit d'un même point sur le tronc (comme ci-dessus) ou sont disposées le long et tout autour d'un tronc vertical (*voir page 129*).

Style japonais battu par les vents

C'est l'image d'un arbre poussant dans un environnement difficile, soumis à de forts vents dominants. La croissance ne se fait généralement que dans une seule direction bien qu'il puisse y avoir des pousses dirigées contre le vent, selon l'intensité de l'image que vous voulez créer. Le style japonais tend à montrer les effets du vent à long terme. Comparez au style chinois, page 24.

Style lettré

Inspiré par les peintures des paysages orientaux, l'image est ici celle d'un arbre mince, élancé, se battant contre les éléments, dans des conditions difficiles. Des mouvements brusques et inhabituels du tronc et des branches peu nombreuses, ramifiées près du tronc, sont caractéristiques de ce style.

Style radeau

On a l'image d'un arbre tombé dont les branches ont survécu en pointant vers le haut et en étant alimentées par un reste de racines. Elles ont développé ensuite leurs propres racines. Chaque branche est alors devenue une structure individuelle.

Style forêt

Cette petite forêt – en général constituée d'une seule espèce – avec un arbre dominant, est entourée d'une famille d'arbres plus petits. Donnez une direction à la composition en utilisant les hauteurs et l'espace négatif (espace vide autour de l'arbre et entre ses branches).

Keshiki

C'est un style ultramoderne, qui combine des pots inhabituels en céramique et de jeunes arbres, pour créer une image contemporaine qui a sa place dans un intérieur design. Les keshikis sont aussi souvent cultivés dans des balles de mousse (*voir pages 164-167*).

Style double tronc

Deux arbres poussent à partir d'une même base. Les troncs triples sont similaires. Cela arrive dans la nature quand deux ou trois graines ont germé les unes près des autres, ou quand une branche très basse pousse et devient un tronc.

Style planté dans une roche

C'est la pierre qui devient le contenant. Les arbres sont plantés dans des poches de la roche, naturelles ou artificielles. On présente souvent la composition sur un *suiban* (un plateau en marbre sans trous). Le style des arbres dépend de la forme du rocher.

Style planté sur une roche

C'est une variation du style planté dans la roche. L'arbre pousse sur le dessus du rocher, mais ses racines plongent dans le pot. Il est impératif que les tailles du rocher et de l'arbre soient en harmonie.

Les nouveaux styles

L'utilisation d'arbres issus de leur milieu naturel – et la reproduction de leur comportement – sont depuis longtemps au cœur de l'art des bonsaïs. Il n'y a rien de surprenant à ce que de nouveaux styles aient émergé quand les bonsaïs se sont répandus dans le monde entier et que cette discipline soit devenue une forme d'art encore plus dynamique.

Style africain Pierneef

Inspiré des acacias qui dominent les paysages africains, ce style proche du style balai présente une structure des branches supérieures plus compacte et plus élevée.

Style chinois battu par les vents

Le contraste avec le style japonais relativement statique est saisissant. Le réalisme de ce style donne une image beaucoup plus dramatique, l'arbre semblant soumis à un vent violent qui traverse sa ramure, un jour de tempête.

Cyprès chauve, dessus plat

Créé pour reproduire le port d'un cyprès chauve américain adulte, cet arbre a une base épaisse et évasée, puis s'effile, portant quelques branches qui forment une cime arrondie.

Penjing (paysage) sur un rocher

La forme chinoise diffère de la forme japonaise par le fait que les paysages comportent des espèces différentes et qu'ils sont accompagnés de figurines, pour donner une image bien spécifique. La composition, entourée de roches, est souvent présentée sur un *suiban* (plat en marbre sans trous).

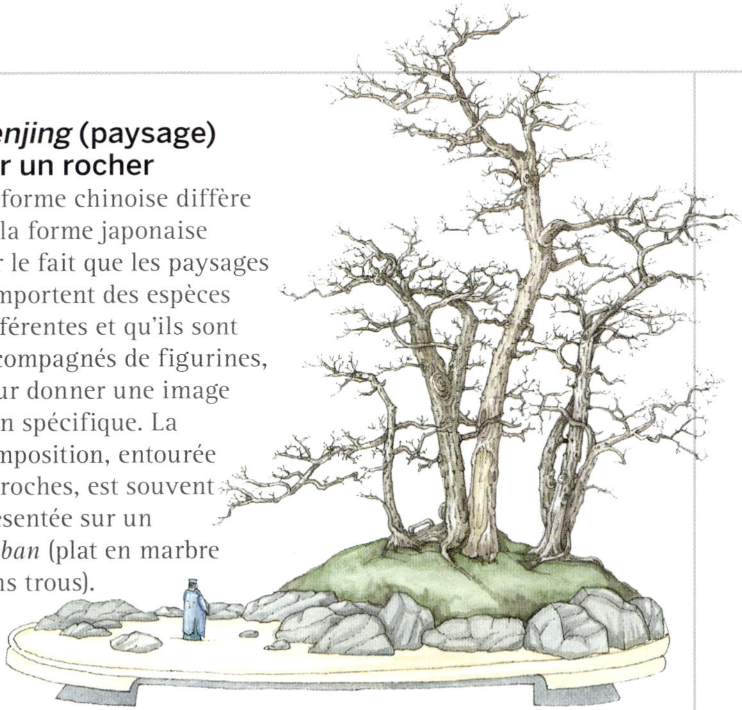

Ficus banyan

En climat humide, les ficus forment naturellement des racines aériennes qui descendent au sol, se rigidifient et étayent solidement le tronc et le mettant en valeur.

Lettré chinois

Les arbres sont ici très stylisés, presque abstraits, avec peu de branches. Ils ont souvent des troncs incroyablement droits, qui contrastent avec les branches aux mouvements anguleux, extrêmement poussés.

Choisir les pots

Le caractère chinois « bon », première syllabe du mot « bonsaï », signifie « pot », ce qui donne une idée de son importance. Choisir un pot pour son arbre est une étape difficile mais passionnante.

Équilibre visuel

Lorsqu'on choisit un pot, de nombreuses considérations entrent en ligne de compte. Mais c'est toujours un compromis entre ce qui est correct du point de vue horticole et ce qui esthétiquement approprié au stade de développement précis de votre arbre. Un jeune arbre dans ses premières étapes de formation ne demande pas un pot de grande qualité. Mais une fois qu'il a atteint un certain degré de raffinement, il mérite un beau pot, d'une taille adaptée, qui à la fois restreint sa croissance et le conserve en bonne santé.

Quand vous commencez à affiner la silhouette de votre arbre, c'est le moment de trouver un pot de qualité. Il faut arriver à un équilibre visuel entre l'arbre et le pot : c'est une question de taille, de forme et de style, mais aussi de couleur et de texture.

Les pots de culture et les caisses en bois font de bons contenants pour un développement rapide de l'arbre ou pour remettre en forme un arbre malade ou affaibli.

Les racines confinées dans le pot font paraître l'arbre plus grand.

Pot vernissé blanc à la surface craquelée et effet de patine.

Le feuillage d'automne est mis en valeur par les tons doux de la céramique.

« La recherche du pot qui mettra réellement l'arbre en valeur est source de plaisir, mais aussi parfois de frustration pour l'amateur passionné. »

La cascade du deuxième arbre est physiquement et visuellement équilibrée par la profondeur du pot.

Comprendre la personnalité de l'arbre est la première étape pour trouver l'équilibre. Observez l'arbre et demandez-vous s'il a l'air fort ou faible ; masculin ou féminin ; brut ou raffiné ; vieux ou jeune...

En pratique

Le plus beau pot du monde est inutile s'il ne convient pas à la culture. Les trous de drainage permettent d'évacuer l'excès d'eau et de laisser entrer l'air. Les pots faits par des amateurs passionnés qui connaissent les besoins des plantes présentent parfois des trous supplémentaires pour laisser passer les fils d'ancrage. Mais on peut aussi utiliser pour cela des trous de drainage.

Les pieds favorisent l'évacuation de l'eau et l'entrée de l'air. Ils peuvent être source d'instabilité avec des arbres à la forme dynamique : choisissez des pots lourds et profonds pour les cascades, les arbres penchés ou battus par les vents...

Les pieds décorés participent à la beauté du pot et laissent passer l'air sous le pot.

La couleur

Il peut être difficile de trouver la bonne couleur de pot pour les arbres aux couleurs vives – qu'il s'agisse des fleurs, des fruits ou du feuillage automnal. Le goût personnel est bien évidemment en jeu, mais il vaut mieux généralement éviter de choisir la même couleur – ce qui affadirait l'arbre – et se diriger plutôt vers des couleurs complémentaires. Gardez en tête que les couleurs de saison sont par nature éphémères et que la teinte qui convient aux fleurs ne siéra pas forcément aux baies. Les pots en terre non vernissée destinés aux conifères prennent différents coloris, dont le rouge, le gris, le brun et le pourpre. Ils ont un effet subtil mais puissant sur les arbres qu'ils accueillent.

« Les arbres caducs sont traditionnellement plantés dans des pots vernissés ; les persistants et les conifères sont plutôt dans des poteries non vernissées. »

Choisir les harmonies de couleur peut sembler difficile : comment sélectionner un pot qui convient aussi bien à la floraison de printemps qu'au feuillage estival ; à la fructification automnale et à la silhouette bien dessinée en hiver ? Vous pouvez essayer de trouver un pot dont les couleurs sont proches de celles du feuillage ou du tronc.

La texture du pot peut devenir un élément fort de la composition. Ici, l'incroyable écorce, le bois mort blanchi par le soleil et la forme spectaculaire en cascade du pin yamadori s'accordent à merveille avec ce pot brut qui semble presque taillé dans la pierre naturelle. L'ensemble paraît être encore dans la nature.

La texture

Le style et le caractère de votre arbre peuvent être mis en valeur par la texture du pot. C'est souvent le cas pour les conifères. La texture est utilisée de la même manière que les couleurs qui s'harmonisent ou contrastent avec l'arbre. Dans l'exemple présenté ici, le concept de l'arbre qui cascade sur le flanc d'une montagne rocheuse, trouve son écho sur les parois du pot dont la surface imite les variations naturelles de la roche.

Il n'y a pas de règles fixes quand on plante des yamadori dans des pots très texturés : en fait, on les voit même souvent dans des pots raffinés, lisses mais non vernissés. L'idéal est de se laisser guider par le style de l'arbre : généralement, les pots lisses conviennent mieux aux styles formels car ils apportent du contraste ; et les textures brutes se marient mieux aux styles lettrés informels ou aux styles battus par les vents.

Le masculin et le féminin

Les bonsaïs sont souvent décrits en terme de « masculin » ou « féminin ». Cette différence d'appréciation peut s'avérer très utile quand vous choisissez un pot. Les arbres masculins dégagent une sensation de puissance, de solidité, de majesté et de force. Les arbres féminins sont plus élancés, plus délicats, souvent avec des branches plus fines. Votre arbre peut bien sûr se situer quelque part entre les deux. Interrogez-vous sur ses caractéristiques : est-il visuellement lourd ? Y a-t-il beaucoup d'espace négatif (espace vide autour de l'arbre et entre ses branches) dans la composition ? Montre-t-il un mouvement spectaculaire ou a-t-il un caractère puissant ? Puis choisissez un pot qui reflète la personnalité de l'arbre et la met en valeur.

« Les troncs épais, les branches lourdes et le bois mort sont typiques des arbres masculins. »

Les branches doivent encore pousser, mais voyez comme le pot et la plante vont bien s'équilibrer quand la croissance sera terminée.

La forme hexagonale, les lignes nettes et le large rebord donnent une impression visuelle de poids.

Bois mort spectaculaire. Il y a ici beaucoup de bois mort dans un petit espace.

Le cadre sur le flanc du pot suggère la puissance de l'arbre qu'il accueille.

Les décorations des pots comme les cadres sur les flancs, les coins coupés, les ceintures ajoutent du poids à la composition et participent à l'équilibre visuel. Le pot doit donner l'impression qu'il contient bien l'arbre et le supporte.

Les arbres féminins, souvent caducs, toujours élégants, sont à l'autre bout du spectre. Leurs caractéristiques incluent des branches fines, une couronne arrondie et un tronc lisse. Des pots simples, sans décoration, aux lignes nettes et aux formes ovales ou circulaires sont parfaits pour ces arbres.

Il n'est pas rare qu'un arbre montre des signes à la fois masculins et féminins – un arbre peut par exemple avoir une forme élégante avec de magnifiques lignes souples et des branches et un tronc épais. Dans ce cas, choisissez un pot qui combine des caractéristiques à la fois masculines et féminines.

« Les arbres féminins sont délicats et légers, avec beaucoup d'espace négatif. »

Les pots ovales et circulaires sont souvent considérés comme féminins ; ils paraissent plus forts et masculins quand on leur ajoute un rebord prononcé, des pieds puissants, ou même une ceinture de clous, comme sur un tambour japonais.

Ce pot chinois ancien apporte une subtile notion de temps et de calme à la composition. Sa profondeur équilibre la cascade.

Le bon accord

On pourrait penser qu'un pot n'est qu'un simple contenant destiné à la culture de bonsaïs. Mais le mariage du pot et de l'arbre est au cœur de l'art du bonsaï. Le plus beau des arbres peut être visuellement ruiné par un contenant mal choisi. À l'inverse, il peut être magnifié par un pot qui lui convient à merveille.

La ceinture autour du pot semble maintenir ce dernier pour l'empêcher de se briser sous la pression des racines de l'arbre.

Les coins découpés donnent une impression de puissance.

Les dimensions de ce pot et son glacis blanc sont parfaits pour une semi-cascade, un grand arbre caduc de style lettré (*voir p. 22 et 25*) ou un arbre à fruits.

La forme hexagonale et les bords droits sont plus masculins qu'une forme et des bords arrondis.

Les coins intérieurs arrondis adoucissent l'impression de puissance.

Les coins et les bords anguleux évoquent la force et la puissance.

Ce pot convient à beaucoup d'arbres grâce au contraste avec la texture argileuse.

Les pots vernis et arrondis conviennent aux arbres caducs lourds dont le poids semble déformer les côtés du pot.

De larges pieds donnent de la stabilité.

Rectangle fort et masculin. Le large rebord évoque un arbre rampant, mais les bords anguleux donnent de l'élégance et de la masculinité. Ce pot conviendrait un grand pin élégant.

Des lignes claires et nettes sont un signe de formalité et conviennent à un pin érigé de style formel.

Quelques règles conventionnelles

Le choix d'un pot est souvent subjectif, l'on peut ainsi arriver à des combinaisons uniques et originales. Au cours du temps, les goûts ont évolué, et des idées acceptées il y a 100 ans ne le sont plus maintenant. Mais quelques conventions ont persisté et bien que l'on ne puisse parler de règles, certains principes directeursnfonctionnent encore et donnent de bons résultats.

Il est fréquent de voir des arbres caducs ou à fleurs dans des pots vernis et colorés, et des conifères dans des pots non vernis. Les couleurs sont choisies pour s'accorder à la personnalité de l'arbre. Le style de l'arbre a une influence primordiale sur la forme du pot. Les arbres puissants et lourds demandent des pots à l'aspect masculin. Les formes plus féminines sont associées à des arbres plus délicats, plus fins.

Ce pot convient pour la culture, le temps que le bonzaï devienne présentable. Pour une exposition, il faudrait un pot plus décoratif, plus raffiné.

La réparation faite avec de l'or montre l'importance que le propriétaire a accordé à ce pot.

Le rebord marqué donne de la puissance à ces lignes plutôt féminines et élégantes.

Cette forme ovale, sans rebord, sans décorations, aux couleurs subtiles, donne une image très féminine, idéale pour un érable ou un autre arbre caduc.

Ce rectangle doux, aux bords arrondis, est idéal pour un arbre un peu puissant, caduc ou à fleurs.

Les formes ovales conviennent à des silhouettes rondes et équilibrées.

L'argile presque brute ôte tout sens de la formalité. Ce pot est idéal pour des graminées et des plantes d'accompagnement.

La forme ovale appelle des arbres féminins.

L'argile brute semi-vernie rend ce pot un peu moins formel.

Les « clous » qui semblent plantés dans les rebords d'un baril donnent une impression de puissance face aux éléments.

Le passage au feu a donné une texture naturelle et des variations de couleur uniques.

La forme libre est totalement informelle.

Ce pot est idéal pour des plantes d'accompagnement ou pour un arbre de haute montagne de style lettré.

Cette sellette en racine sculptée donne un côté spectaculaire à cet arbre qui est déjà lui-même digne des plus hautes récompenses.

Présenter ses arbres

Que vous vouliez profiter de vos bonsaïs au quotidien, dans votre jardin, ou participer à une exposition internationale, il est conseillé de soigner leur environnement. Le plaisir que vous en retirerez n'en sera que plus grand.

Les bonsaïs au jardin

Pour profiter pleinement de vos bonsaïs, installez-les sur de jolis bancs et créez un environnement qui les mettra en valeur. Certains amateurs créent des rocailles, ou des scènes orientales. Mais il n'est pas nécessaire d'aller si loin dans un premier temps : réservez-leur un coin facile d'accès, avec de l'espace et un arrière-plan clair. Quand vous installez vos arbres au jardin, pensez avant tout à la lumière, au vent et à la pluie. Si vous les serrez trop, ils vont manquer de lumière, l'arrosage va être compliqué et vous aurez du mal à repérer un problème naissant. Les grands arbres, posés sur leur propre piédestal, sont faciles d'accès, par tous les côtés et sont spectaculaires à regarder. Les arbres plus petits peuvent être regroupés, mais mélangez les hauteurs et ajoutez des plantes compagnes, pour créer un environnement à la fois attractif et correct du point de vue de l'horticulture.

Les jardins d'inspiration japonaise sont appréciés des amateurs qui y voient un bon environnement pour leurs bonsaïs.

Utiliser les plantes compagnes

Les plantes compagnes sont utilisées lors des expositions, pour améliorer l'équilibre visuel, évoquer les saisons et aider à raconter une histoire. Choisissez des plantes qui poussent dans des environnements similaires à ceux de vos arbres et qui ont naturellement des fleurs et des feuilles de petite taille. Il existe des pots spéciaux pour ces plantes. Leurs formes et leurs émaillages sont souvent particuliers. Cultiver les plantes compagnes à côté de vos bonsaïs va casser la monotonie d'un groupe d'arbres et évoquer la notion des saisons qui passent.

Ces couleurs jaunes et rouges font de cette plante un parfait compagnon en automne.

Cette plantation de diverses espèces sur une céramique de John Pitt, qui évoque une branche morte, reproduit une scène forestière au sol.

Les plantations sur rocher, comme ce spectaculaire *penjing*, (plantation d'un bonsaï en paysage) sont mises en valeur par un arrière-plan neutre et beaucoup d'espace autour.

L'équipement de base

Il existe un certain nombre d'outils spécialisés ou adaptés à la culture des bonsaïs. Au fur et à mesure que vous vous perfectionnerez, ces outils vous sembleront indispensables. Mais pour la plupart des travaux, un kit de base, acheté chez un spécialiste, vous suffira largement.

Pince oblique Convient pour tailler de petites branches de l'épaisseur d'un crayon sur des arbres caducs et un peu plus grosses sur des conifères.

Pince à creuser Utile pour obtenir une coupe très près du tronc et pour rogner le bois qui doit être ôté.

Brosse Une petite brosse en coco est utile pour nettoyer la surface du sol après que l'on a travaillé et pour les autres petits travaux de nettoyage.

Ciseaux droits Des ciseaux bien aiguisés servent aux nombreux petits travaux de taille (petites branches ou fines racines).

Mastic à cicatriser Appliquez-le sur les plaies de taille. Les pâtes contiennent parfois des antibactériens et des antifongiques favorisant l'apparition de jolis cals.

Pinces Utiles pour attacher les fils de ligature quand on rempote, ou que l'on haubane. On s'en sert aussi pour créer des éléments de bois mort.

Pince courbée Une grosse pince courbée facilite les travaux comme le désherbage, le nettoyage des débris et la suppression des aiguilles sur les conifères.

Ciseaux à lames fines Bien aiguisés, ils sont essentiels pour les travaux les plus délicats comme la taille des très petites branches ou celle des chandelles sur les pins.

Ciseaux à fil Parfaits pour couper des fils de ligature de petit calibre ou pour couper l'excédent de fil quand vous ligaturez des branches secondaires.

Grosse pince à fil Un outil essentiel pour couper les fils de ligature épais, surtout si vous travaillez avec du fil de cuivre.

Baguette Des baguettes en métal ou en bambou sont très utiles pour pousser le terreau entre les racines lorsque l'on rempote.

Scie spéciale bonsaï Cette lame fine et mince fait des coupes lisses et nettes et vous donne un meilleur contrôle que celui des lames larges.

Les outils supplémentaires

Si vous voulez créer du bois mort ou faire un travail très précis, il existe toute une gamme d'outils électriques ou à main pour travailler le bois, ainsi que des outils de coupe puissants. Ils vous seront d'une grande aide pour procéder à des transformations importantes.

Outils de travail du bois

Il est souvent difficile de créer des éléments de bois mort qui paraissent naturels. Le mieux, pour travailler le bois, est d'utiliser à la fois des outils électriques et des outils à main. Soyez attentifs quand vous travaillez avec des outils électriques, et suivez toujours le sens du fil du bois.

OUTIL À TÊTE ROTATIVE Un moteur puissant et un manche flexible vous permettent de travailler vite et facilement. Avec la tête interchangeable, vous pouvez utiliser toute une gamme d'outils.

GOUGES Utiles pour ôter ou fendre du bois, elles vous permettent de travailler dans le sens des fibres pour un rendu plus naturel.

ACCESSOIRES POUR TRAVAILLER LE BOIS Existant en différentes tailles et différentes formes, ils permettent d'ôter du bois de manière rapide et précise.

SCALPEL Un outil de travail du bois spécialement dessiné pour les bonsaïs.

COUTEAUX et autres outils spécialisés de travail du bois vous permettent d'ôter du bois d'une manière naturelle et contrôlée.

OUTIL À TÊTE ROTATIVE Ce petit outil à tête rotative est idéal pour les petits travaux sur le bois. Il est peu coûteux. Mais il ne sera pas suffisant si vous voulez travailler de gros morceaux de bois.

Outils de coupe et d'entretien

Vous aurez aussi besoin de quelques outils de spécialiste pour les gros travaux – surtout sur les vieux arbres – et pour les multiples petits travaux d'entretien.

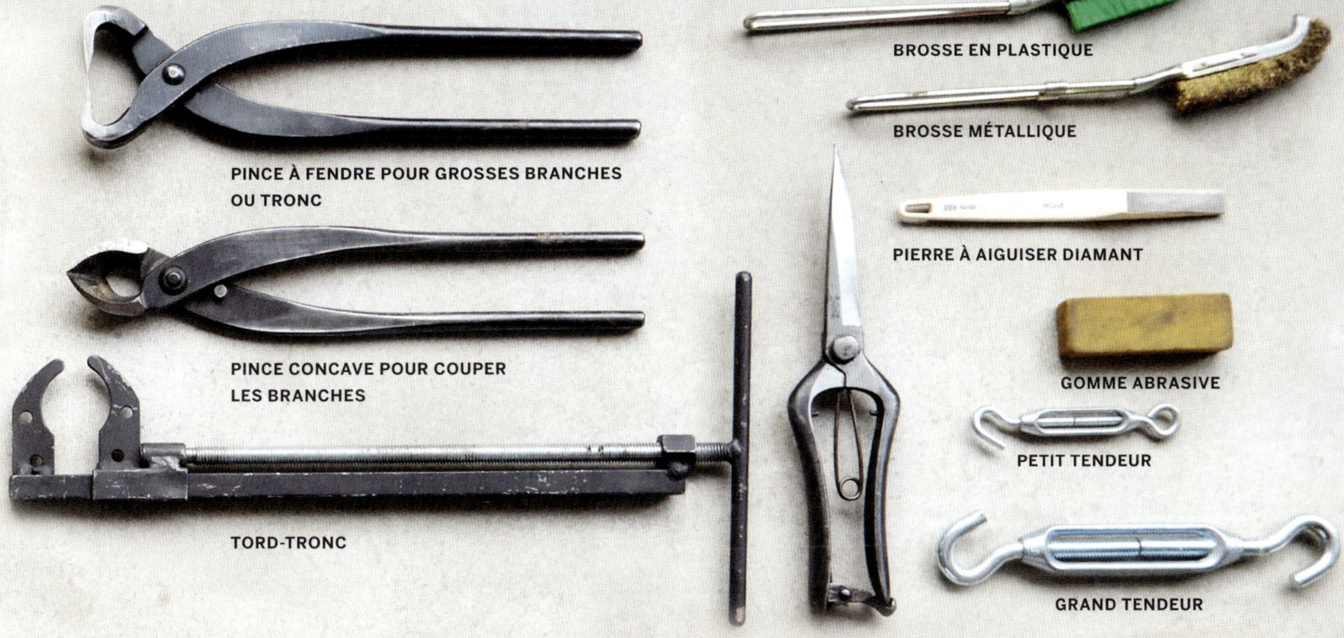

Fils d'aluminium et de cuivre

La ligature est une technique essentielle pour mettre en forme les arbres. Il existe deux types de fil, en cuivre et en aluminium. Ils sont proposés dans des diamètres variés, pour des courbures plus ou moins fortes.

Outils de rempotage

Ôter le terreau usé, tailler les racines et rempoter dans un substrat neuf sont des travaux à faire de manière relativement régulière. Ces opérations comportent des risques, et nécessitent des outils aiguisés et des techniques précises. Quelques outils adaptés vous seront utiles.

Le terreau et les autres substrats

Pour les bonsaïs, le terreau parfait n'existe pas. Le mélange que l'on doit utiliser dépend de nombreux facteurs comme le climat, l'âge de l'arbre, son stade de développement, son espèce et son régime d'entretien. Chaque ingrédient du mélange a un but précis : faites vos expériences pour tester les meilleurs mélanges.

Tamisez le substrat pour établir sa granulométrie. Les grosses particules favorisent un bon drainage à la base du pot.

Keto
Une argile fertile et lourde, ramassée dans les rizières et utilisée pour créer des balles de mousses et des plantations sur rocher. Ce n'est pas un composant du sol, mais les racines des plantes poussent quand même dedans.

Kanuma
Terre acide, retenant bien l'eau et les nutriments, utilisée presque exclusivement avec les azalées Satsuki. Elle s'effrite facilement, travaillez le sol autour des racines avec précaution.

Kiryu
Sable de rivière provenant du Japon. Il est utilisé sur les conifères. Il favorise la croissance mycorhizienne et retient l'eau. Il est souvent très poussiéreux, lavez-le avant de l'utiliser.

Lave volcanique
Microporeuse et légère, la lave améliore l'aération du sol car sa structure reste stable de longues années.

Akadama
Argile japonaise cuite, à la structure microporeuse, et qui retient bien l'eau et les nutriments. Elle favorise le développement racinaire. Elle peut s'effriter après un gel prononcé.

Pumice (ou pierre ponce)
Légère et microporeuse, la pumice est idéale pour améliorer l'aération : elle ne s'effrite pas et sa structure permet la formation de poches d'air.

Terreau
Du terreau acheté en jardinerie peut être utilisé pour composer un substrat qui retient bien l'eau et les nutriments. Il est spécialement utile pour les jeunes arbres qui doivent développer de nombreuses racines. Mais il ne doit pas être utilisé à long terme, car avec le temps, l'air y circule difficilement.

L'entretien de base

L'arrosage et la nourriture sont souvent difficiles à maîtriser : des apports insuffisants ou en excès peuvent s'avérer fatals. Apprenez à regarder vos arbres et à juger des conditions climatiques pour mieux répondre à leurs besoins.

Une utilisation raisonnée des engrais favorise l'épaississement du tronc.

Quelle quantité d'eau ?

L'arrosage est fondamental, mais c'est aussi le point le plus difficile à maîtriser. Même des amateurs passionnés peuvent ralentir le développement de leurs arbres s'ils suivent leur routine au lieu de réagir au jour le jour en fonction des plantes et des conditions de culture.

- **Chaque espèce a des besoins différents.** Et pour une même espèce, chaque sujet a des besoins précis, qui dépendent de son stade de développement et du nombre de fois où il a été rempoté.
- **Trouver le bon équilibre pour chaque arbre** en ce qui concerne l'eau et l'oxygène dans le sol est la clé du succès.
- **Les conditions changent au cours de l'année** et cela joue sur les besoins.
- **Les arbres utilisent l'eau et la perdent de différentes manières.** Mais dans tous les cas, 90 % de l'eau sont utilisés pour réguler la température. L'arbre transpire par son feuillage : plus il fait chaud, plus il a besoin d'eau. Cela se complique avec les vents desséchants qui captent à la fois l'humidité à la surface du sol et celle des feuillages. Dans les deux cas, l'arbre demande plus d'eau pour remplacer celle qui est perdue.

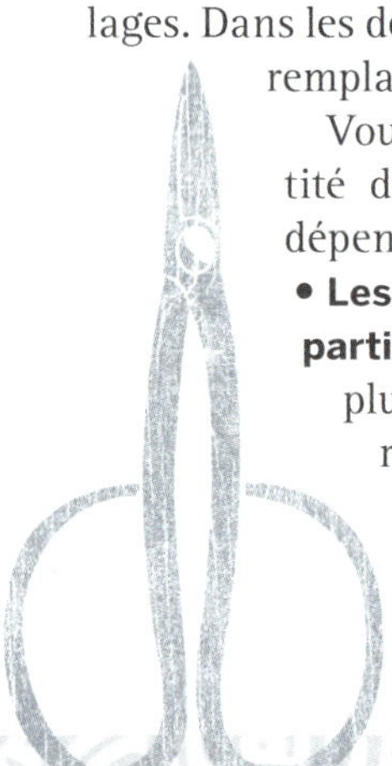

Vous devez aussi tenir compte de la quantité d'eau que peut contenir le pot, et qui dépend de plusieurs facteurs :

- **Les composants du substrat et la taille des particules.** Les petites particules retiennent plus d'eau que les grosses. Le mélange terreux peut être ajusté, si nécessaire, pour augmenter ou diminuer la rétention d'eau.
- **L'état du sol.** Au fur et à mesure que les racines se développent et que la structure du sol change, la surface devient plus dure et moins perméable à l'eau. Cela réduit l'absorption et peut entraîner le dessèchement du sol.
- **La taille du pot, le nombre et la taille des trous de drainage.** Un pot trop grand séchera rarement, ce qui va entraîner un déséquilibre de l'eau et de l'oxygène. Un petit pot contient très peu d'eau et le risque de dessèchement est grand.

Le secret du succès réside dans la compréhension, l'observation et l'expérience. Regardez vos arbres chaque jour, observez ce qui se passe dans le pot et comment les conditions climatiques jouent pour avoir une idée précise des besoins de l'arbre à chaque moment de l'année.

Les engrais

Les engrais sont composés de trois éléments principaux et de plusieurs autres, en moindre quantité. Les lettres NPK représentent les quantités relatives d'azote, de phosphore et de potasse contenues dans l'engrais.

- **L'azote** est utilisé pour la croissance végétative et celle des feuilles.
- **Le phosphore**, pour celle des racines et des fleurs.
- **La potasse** est en relation avec la santé de la plante, la résistance à la sécheresse et la production des fruits.

Les oligoéléments nécessaires à une bonne croissance se trouvent dans les fertilisants organiques comme l'extrait d'algues. Évitez les fertilisants chimiques : on a vite fait de surdoser ces engrais de synthèse, ce qui nuit aux plantes. Ils peuvent aussi avoir un impact négatif sur la microbiologie du sol car ils détruisent les bactéries bénéfiques et les champignons mycorhiziens responsables d'une bonne croissance. Il existe une différence importante entre croissance vigoureuse et croissance saine. Des arbres sains supportent la sécheresse, la maladie et les accidents ; un arbre nourri aux engrais chimiques peut croître vigoureusement, mais il est rarement sain.

Quand vous utilisez des engrais, gardez deux objectifs en tête : assurer les besoins de l'arbre pour une croissance saine et permettre une croissance qui correspond à vos désirs. Quand un arbre a atteint sa maturité et qu'il a sa silhouette définitive, ne le forcez pas à pousser en lui apportant des doses massives d'engrais. A contrario, si vous voulez que le tronc épaississe, lui donner des engrais accélère le processus.

Pour les arbres caducs, quand vous en êtes au stade de la réduction de la taille des feuilles et de la longueur des entre-nœuds, ainsi qu'à la densification de la ramification, faites très attention à vos apports d'engrais. Une grosse dose d'azote au printemps va entraîner une croissance incontrôlée, l'apparition de grandes feuilles et de nombreuses pousses. Fertilisez plutôt légèrement une fois que les pousses ont été pincées et que les feuilles se sont endurcies, puis apportez en automne une bonne dose d'engrais riche en phosphore et potasse.

Les granulés d'engrais à libération lente doivent être protégés des oiseaux par un filet en plastique à mailles fines.

Entretien régulier

Arrosez le terreau – et les racines de l'arbre – plutôt que le feuillage et ajustez les apports en fonction de la météo.

Désherbez régulièrement. Cela vous donne l'occasion de vérifier si tout va bien et de régler les problèmes avant qu'ils s'aggravent.

Supprimez tout ce qui est mort et qui peut servir d'abri aux parasites ou qui peut pourrir.

Les travaux saisonniers

Les listes ci-dessous vous guident pour les travaux importants tout au long de l'année. Sachez qu'il n'y a pas deux années identiques : les hivers doux, vous pourrez rempoter les arbres caducs assez vite, mais si les conditions sont plus difficiles, il est préférable d'attendre.

Printemps

C'est la période la plus chargée de l'année. Au fur et à mesure que les jours allongent, de nouveaux bourgeons et de nouvelles pousses apparaissent.

- **Augmentez les arrosages** au fur et à mesure que les arbres sortent de leur dormance.
- **Apportez les engrais adaptés** si nécessaire.
- **Rempotez et taillez les arbres caducs** avant que les bourgeons ne s'entrouvrent et commencent à croître.
- **Ôtez les protections anti-froid**, mais attention aux gels tardifs, remettez les protections si nécessaire.
- **Attention aux vents** qui peuvent abîmer les jeunes pousses des arbres caducs, surtout celles des érables. Ils peuvent faire perdre une année de croissance.
- **Formez les arbres** qui n'ont pas encore été rempotés. Les ligatures peuvent stresser la plante, n'en faites pas trop à la fois.
- **Rempotez les conifères** qui demandent du temps pour se rétablir et doivent être prêts avant l'hiver.

La taille des racines est essentielle pour maintenir un chevelu racinaire vivant, gage d'un arbre en bonne santé.

Été

La croissance est à son maximum à cette période la plus chaude de l'année. Assurez-vous que les arrosages sont adaptés et que les apports d'engrais sont corrects.

- **Défoliez les arbres caducs** une fois que les feuilles se sont endurcies. Il peut y avoir une seconde croissance de feuilles qui atteindront la maturité avant la chute des feuilles en automne.
- **Désherbez régulièrement :** vos bonsaïs ne sont pas les seules plantes qui poussent en cette saison.
- **Surveillez les signes de parasites** ou de maladies et prenez les mesures qui s'imposent si nécessaire. La vigilance paie toujours.
- **Continuez à tailler,** à ligaturer, à arroser et à nourrir tout au long des mois d'été.
- **Réduisez ou supprimez les engrais** quand la température dépasse 32 °C. Vous empêcherez le sol de chauffer trop et aiderez vos arbres à conserver leur énergie.

Taillez les longues pousses des conifères pour créer des coussins de feuillage compacts.

Automne

Les arbres caducs se préparent pour la dormance hivernale : ils sont nombreux à terminer la saison dans un spectaculaire feu d'artifice de couleurs.

• **Réduisez les arrosages** au fur et à mesure que la croissance ralentit.

• **Vérifiez les ligatures** et ôtez celles qui paraissent trop serrées. C'est particulièrement important sur les pins qui ont souvent une dernière poussée de croissance à cette époque de l'année.

• **Protégez les sujets peu rustiques des premiers gels.** Veillez à ce que les arbres encore fragiles, comme ceux issus de marcottes aériennes, soient installés dans des endroits abrités.

• **Taillez les arbres caducs** juste quand les feuilles commencent à tomber et dans les deux semaines qui suivent. Les amidons ont été transportés dans le bois de l'arbre, ils seront redistribués aux bourgeons l'année suivante ; taillez les pousses terminales avant qu'elles ne reçoivent leur part de réserves.

• **Nettoyez les feuilles mortes.** De la matière organique en décomposition est un terrain propice aux maladies et fournit un abri aux parasites qui hivernent.

Éliminez les algues pour que les troncs ne se décolorent pas sous l'effet du manque de lumière.

Hiver

Continuez à surveiller vos arbres et profitez de leurs silhouettes hivernales. Examinez leur structure, particulièrement celle des zelkovas et imaginez quelles modifications vous pouvez apporter.

• **Les besoins en eau sont réduits,** mais il ne faut pas oublier les arrosages. L'activité racinaire commence à 5 °C. N'apportez pas trop d'eau, mais réagissez en fonction des conditions.

• **Protégez les racines du gel.** Conservez vos arbres sous serre, enterrez les pots dans le sol ou, en climat doux, enveloppez-les de papier à bulles.

• **Les mélèzes peuvent être ligaturés** quand leurs branches sont nues. Mais ne touchez pas aux autres arbres caducs car ils sont plus cassants en hiver.

• **Préparez vos mélanges de rempotage** pour le printemps. Si le temps est doux, commencez à rempoter.

• **Si nécessaire, pulvérisez un traitement d'hiver** (une part de chaux soufrée pour 20 parts d'eau), pour détruire les parasites qui hivernent.

Favorisez le drainage en plaçant les pots de biais, pour que l'eau ruisselle à la surface du terreau.

Les travaux occasionnels

Le secret de la réussite, avec les bonsaïs, c'est d'intervenir souvent et peu à la fois, au fur et à mesure des besoins. Après tout, la nature ne suit pas un calendrier rigide. Faites ces petits travaux quand le besoin s'en fait sentir : certains peuvent attendre un peu, mais ayez-les toujours présents en tête.

Nettoyage

Une bonne hygiène est essentielle. Ôtez les aiguilles qui jaunissent, les branches mortes et les mauvaises herbes.

- **Désinfectez les supports chaque hiver.** Si vous conservez vos arbres en serre ou sous tunnel, désinfectez le lieu quand vous sortez les plantes à l'extérieur et avant de les rentrer en automne, pour réduire le risque d'attaque fongique.
- **Désinfectez régulièrement les outils** et conservez la boîte à outils propre. Les agents pathogènes passent d'arbre en arbre via les outils.
- **Nettoyez les pots après rempotage** pour ôter les restes de terreau sans toucher à la patine du pot.
- **Nettoyez et traitez le bois mort** pour empêcher qu'il pourrisse. Regardez quelles parties sont en contact avec le terreau, et les endroits où l'eau s'accumule.

Ôter les ligatures

Quand doit-on ôter les fils de ligatures? Cela dépend de l'espèce, de l'âge, de la vigueur et du nombre de ligatures réalisées. Certains arbres grossissent si vite qu'il faut ôter les ligatures au bout d'un mois ; d'autres s'épaississent si lentement que des années peuvent passer avant d'en avoir besoin. Si les ligatures sont retirées trop tôt, la branche peut retourner à sa position initiale.

Le fil commence à mordre l'écorce. Laissé plus longtemps, il peut causer des blessures irréparables. L'arbre doit rester en forme une fois que les ligatures sont ôtées.

Utilisez des pinces pour ôter les ligatures. Veillez à bien maintenir la branche juste derrière le fil pour l'empêcher de se tordre. Évitez d'abîmer les petites branches et les bourgeons.

Ôtez le fil. Attention à la jonction de deux branches ligaturées par paire : le point d'ancrage du fil est le dernier à être déroulé. Tenez bien les deux extrémités du fil.

Blanchir le bois mort

Conservez les éléments de bois mort propres et proches de leur état naturel. Les genévriers des montagnes sont blanchis par des UV intenses mais le bois mort sur les arbres de plaines est sombre et en décomposition. Il faut empêcher le bois de pourrir car cela dégrade la silhouette.

Nettoyez le bois mort avec une brosse métallique pour ôter les fibres tendres, la terre et les algues qui s'accumulent en climat humide. Laissez le bois sécher avant d'appliquer de la chaux soufrée.

Appliquez de la chaux soufrée diluée (3 parts d'eau et 1 part de chaux soufrée) sur le bois mort, avec une brosse en acrylique. Attention : la solution tache. Évitez de faire tomber des gouttes sur le pot.

Le bois mort soigneusement traité accentue par contraste la veine de bois vivant.

Protection des plantes en hiver et en été

De nombreuses espèces sont fortes et résilientes, mais une fois en pot, elles se retrouvent dans un nouvel environnement plus précaire. La vie en pot soulève de nombreux problèmes et la sensibilité aux températures du sol est l'un des plus importants. En montagne, les arbres sont protégés par une couche de neige isolante qui conserve une température de sol relativement élevée. Mais si le pot est exposé à un air glacé, la terre qu'il contient va geler rapidement, et l'eau qui gonfle en gelant va abîmer les racines. En été, les pots sombres absorbent la chaleur et peuvent faire augmenter la température du terreau de manière excessive, ce qui peut favoriser les parasites qui vivent de la pourriture sur racines.

- **Protégez les arbres des températures extrêmes** – en dessous de - 5 °C et au-dessus de 35 °C. Les arbres délicats peuvent avoir besoin d'une protection en dessous de 5 °C et au-dessus de 30 °C.
- **Posez des ombrières** pour protéger les arbres de la chaleur intense en été – mais n'en abusez pas, sinon, vous n'obtiendrez que des pousses étiolées.
- **En hiver, protégez les racines.** Enterrez les pots dans le sol ou installez-les en serre froide. N'exposez pas les arbres en dormance à la chaleur. Les arbres supportent des gels légers, mais redoutent des gels sévères et prolongés.
- **Ne laissez pas plus de 5 cm de neige** sur les branches, car un surplus de poids peut les abîmer.

Agenda

Établissez une liste des travaux à faire pour chaque arbre et n'en dérogez pas : il n'y a aucune raison de changer une silhouette qui convient, sauf si l'arbre perd une branche. Planifiez vos travaux sur l'année.

- **Observez les arbres caducs en hiver** et pensez à leur silhouette future. Identifiez les problèmes et remédiez-y au moment opportun.
- **Préparez des pots pour vos futurs rempotages.** Achetez des modèles que vous aimez... vous trouverez l'arbre qui l'occupera plus tard.
- **Conservez des outils aiguisés,** stockez des substrats et des matériaux.

Problèmes et solutions

De nombreuses espèces survivent dans des conditions difficiles et sont peu sensibles aux parasites et aux maladies. Une bonne hygiène des plantes, la compréhension de la croissance des végétaux et la connaissance des dangers potentiels devraient vous permettre de conserver des arbres en bonne santé… mais il arrive que les choses dérapent.

Certains symptômes semblent graves, mais des galles comme celles-ci sont plus inesthétiques que dangereuses.

Comment diagnostiquer les problèmes

Si vous savez à quoi ressemblent vos arbres quand ils sont en bonne santé, s'ils ne vont pas bien, vous le verrez aussi…

- **Identifiez les conditions anormales.** Surveillez les changements de couleur du feuillage qui ne correspondent pas à la saison habituelle, les pousses qui brunissent, les taches qui apparaissent sur les feuilles, ou les signes physiques de la présence d'insectes (toiles d'araignées – les araignées sont nos amies, mais pas les araignées rouges, ou les acariens). Des branches ou des feuilles sèches sont un signe de maladie. Une ligature mal faite, ou une manipulation un peu rude peuvent abîmer le bois ou casser une branche. Faites attention quand vous travaillez ou quand vous déplacez vos arbres.
- **Observez l'évolution du problème.** Si les feuilles se recroquevillent et brunissent après une journée chaude ou un arrosage inadéquat, il s'agit d'une erreur humaine. Si le feuillage se décolore après une pulvérisation, la plante a peut-être subi un stress.
- **Un feuillage, des fruits ou des racines trop ou pas assez développés** sont des signes qui doivent vous alerter.
- **Surveillez le sol.** S'il est constamment sec, les racines n'absorbent peut-être pas assez d'eau et votre arbre peut souffrir.
- **Réglez les problèmes dans votre jardin.** Ce n'est pas la peine de traiter des acariens sur votre genévrier en bonsaï, s'il peut être réinfesté par le genévrier du jardin qui est juste à côté de lui.
- **Avant d'incriminer les parasites et les maladies** et de traiter, voyez si les facteurs environnementaux comme le vent ou le soleil trop intense ne sont pas en cause. Peut-être y a-t-il trop ou pas assez d'engrais ou d'oligoéléments ? N'est-ce pas une erreur humaine ?
- **À quoi votre arbre est-il sensible ?** Si un arbre est sensible à l'oïdium, installez-le dans un endroit bien ventilé et relativement sec, pour réduire le risque d'infection. L'endroit où vous installez vos arbres dans votre jardin est primordial. Pensez aux contaminations croisées, mais aussi au soleil, au vent, à l'humidité. Comprendre comment et quand les spores des champignons se disséminent peut aussi vous aider.
- Ayez recours préventivement aux pulvérisations de pesticides ou fongicides. Commencez quand les nouvelles pousses émergent et traitez une fois par mois avec différents produits, pour atteindre un spectre plus large d'agents pathogènes.

Les cochenilles du genévrier peuvent faire sécher une branche. Traitez en début d'été pour éliminer les premières générations.

Marques de ligature Ces blessures mécaniques apparaissent quand le fil a été trop longtemps laissé sur la branche. Le bois s'épaissit et le fil pénètre dans l'écorce. La seule chose à faire est de couper la branche ou bien d'attendre qu'elle grossisse.

Les fleurs fanées doivent être ôtées : si on les laisse en place, elles peuvent favoriser les maladies fongiques. Supprimez aussi les fleurs sur les azalées, pour que les plantes ne perdent pas leur énergie en formant des graines ou sur les fruitiers si vous ne désirez pas de fruits.

Le puceron vert de l'épicéa fait brunir le feuillage qui tombe. Les arbres peuvent ne pas s'en remettre avant plusieurs années. Des pulvérisations préventives en automne réduisent les risques.

Les galles Des excroissances anormales apparaissent sur les feuilles. Elles sont causées par des insectes qui piquent les limbes et pondent des œufs. Elles sont inesthétiques mais posent rarement de gros problèmes à la plante.

Les araignées rouges affectent plusieurs espèces et entraînent un changement de couleur du feuillage, car les parasites sucent la sève. Pulvérisez un anti-acariens, deux fois à une semaine d'intervalle, pour tuer les œufs et les larves.

Oïdium Ce champignon superficiel se développe à la surface des feuilles des arbres caducs, surtout sur celles du chêne pédonculé. Il est assez inesthétique, mais se traite facilement avec un anti-oïdium.

Pucerons laineux Ces insectes suceurs de sève se développent en taches blanches floconneuses sur les branches, surtout sur les plaies de coupe. Des boursouflures sur les jeunes pousses indiquent les endroits où les pucerons se sont nourris.

La phalène brumeuse est facilement repérable. Elle est due à des chenilles qui se nourrissent des feuilles, mais qui peuvent être facilement retirées.

Les meilleures espèces

Vous trouverez dans ce chapitre des conseils pour choisir vos arbres, les critères à prendre en compte, les endroits où les acheter. Cette galerie de sculptures vivantes va vous inspirer et vous aider à créer vos bonsaïs.

Choisir les bons arbres

Choisissez vos plantes en ayant constamment en tête le climat et les conditions de culture dans votre jardin, ainsi que votre niveau technique et le temps que vous pouvez consacrer à vos arbres. Certaines espèces se contentent de peu, d'autres demandent une attention constante ou des techniques particulières à certains moments de l'année.

Les points à observer

Si vous achetez votre premier arbre, choisissez une plante déjà bien structurée et sur laquelle vous pourrez vous faire la main. Veillez à prendre un sujet sain : inspectez racines et feuillage à la recherche d'éventuels parasites ou maladies et assurez-vous que la plante est bien ancrée dans son pot (signe d'un système racinaire vigoureux).

- **Portez votre choix** sur des plantes au feuillage compact, surtout si vous voulez obtenir un petit arbre. Retenez que pour une même espèce, il existe des variations. Certains érables tridents (*Acer buergerianum*) sont plus grossiers que d'autres, mais tous portent la même étiquette.
- **Regardez la position relative des branches principales,** leur angle et leur diamètre. Le nombre et la vigueur des pousses secondaires sur chaque branche indiquent que vous pourrez bien travailler l'arbre. On ne bâtit pas une silhouette sur une branche faible. Mieux vaut la supprimer et imaginer une nouvelle forme, qui s'appuie sur des branches vigoureuses et saines.

Comment juger un bonsaï

Examinez toujours la plante sous tous ses angles. Certains défauts sont plus difficiles que d'autres à rectifier. Pour bien choisir, regardez attentivement la position des branches, le *nebari*, et le mouvement du tronc dans sa partie inférieure : ces facteurs demandent du temps (ou une chirurgie lourde), pour être corrigés. L'extrémité d'une branche peut être orientée par une ligature, mais son point d'ancrage sur le tronc ne peut être modifié.

Les points à prendre en compte

Certains facteurs sont très difficiles à changer sans un travail considérable ou des techniques de pointe. C'est un bon critère d'évaluation pour commencer à juger d'un arbre.

• ***Nebari.*** La surface des racines et leur point de départ peuvent poser problème pour des arbres qui n'ont pas été assez travaillés. Les arbres ne développent pas naturellement en pot un système racinaire de surface bien équilibré ; souvent un seul côté se développe. Parmi les autres problèmes que l'on peut rencontrer, citons les racines qui se croisent, celles qui tournent autour du pot, ou celles qui poussent hors du pot. Certains problèmes sont plus faciles que d'autres à corriger, mais avec le temps, on arrive toujours à les rectifier.

• **Le mouvement du tronc.** La ligne du tronc doit être alignée avec celle de la base des racines, c'est ce qui définit la direction et la personnalité de l'arbre. Évitez les arbres dont le tronc a un mouvement artificiel ou des sections très rectilignes (sauf si vous désirez un style droit formel).

• **Conicité et épaisseur.** Pour la plupart des styles, un tronc conique, effilé met en valeur la plante. Pour cela, on peut encourager un épaississement sélectif, mais cela demande du temps. On peut aussi pratiquer une taille sévère au-dessus d'un nouveau leader qu'on laisse ensuite pousser. Ce type de taille peut laisser des cicatrices inesthétiques, mais il est parfois possible de les cacher avec du bois mort. Évitez les sujets à la conicité inversée, (les branches ont des sections plus épaisses que le tronc qui les porte). Il arrive que plusieurs branches poussent à partir d'un même nœud, cela peut s'avérer très difficile à corriger.

Rendez visite à un spécialiste des bonsaïs Vous avez tout intérêt à choisir une espèce adaptée et des sujets qui ont été préparés pour devenir des bonsaïs. Les spécialistes proposent une large gamme de plantes, pour tous les budgets. Et si vous avez des questions, vous découvrirez qu'ils sont intarissables sur leurs arbres.

Un sujet âgé peut être très coûteux. Mais attention, un prix élevé ne garantit pas le succès. Dans cet ouvrage, tous les arbres ont été créés pour moins de 120 euros et tous se bonifieront avec le temps.

Considérations pratiques

Avant toute chose, il faut savoir si votre arbre pousserait à l'état naturel dans votre jardin. Les arbres natifs de votre région s'adaptent aux conditions locales. Mais de nombreuses espèces japonaises importées poussent également bien en climat tempéré. Pensez à la température, mais aussi à la pluie, à l'ensoleillement, à l'eau, au pH du sol et à la qualité de l'air. Si, en région sub-arctique, vous fournissez des conditions de culture idéales à des arbres tropicaux, vous réussirez leur culture. Après quelques années de pratique des bonsaïs, vous saurez quels arbres poussent bien dans votre jardin, et lesquels ne s'y plaisent pas. Essayez de comprendre pourquoi et si vous n'y pouvez rien, tournez-vous vers des espèces plus adaptées à vos conditions.

L'art des bonsaïs est un art subjectif : rien n'est bon ou mauvais. Il existe certaines conventions, mais il y a également la place pour des variations et des préférences personnelles. Certains bonsaïs vont vous intéresser plus que d'autres. Observez-les attentivement et demandez-vous pourquoi tel ou tel arbre retient votre attention. Cela va vous aider à développer vos goûts et identifier les styles et les espèces qui leur correspondent, même s'ils n'ont rien de conventionnel.

Les arbres qui poussent en conditions extrêmes, comme sur les flancs de montagnes déchiquetés sont une grande source d'inspiration pour ceux qui forment des bonsaïs.

Les espèces à petit feuillage conviennent mieux à la culture en bonsaï.

Achetez du matériel végétal collecté dans la nature auprès d'un spécialiste, pour vous assurer qu'il a été prélevé légalement et qu'il a bénéficié d'un bon départ en pot.

Cet olivier collecté (à droite) a été formé en bonsaï lettré. Malgré sa forme hautement stylisée, l'arbre rappelle les silhouettes des oliviers qui poussent naturellement sur les collines méditerranéennes.

Les espèces faciles à cultiver

Le bonsaï sans entretien n'existe pas, mais les arbres présentés ici sont moins exigeants que la plupart des autres espèces et sont parfaits pour les débutants. Ils sont plus faciles à former et à surveiller, mais cela n'enlève rien à leur beauté et ne les empêche pas de devenir d'époustouflants spécimens.

Résilients, répondant bien aux différentes techniques et pardonnant les fautes, les arbres présentés ici donnent aux nouveaux amateurs de bonsaïs les résultats les plus rapides, les meilleurs et les plus faciles. Il n'est pas rare que les espèces à bonsaïs aient des besoins particuliers en matière d'environnement ou nécessitent des techniques spécialisées, mais ces arbres faciles ne sont pas aussi exigeants. Ils sont idéaux pour des débutants désireux de pratiquer et mettre en œuvre les techniques de base, depuis la taille directionnelle, jusqu'à la ligature et le rempotage. Sachez cependant qu'ils ne sont pas indestructibles et que si vous les négligez ou les traitez avec brusquerie cela ne sera pas sans conséquences. Même le plus résistant des arbres a son point de rupture. Mais si vous désirez profiter de vos arbres toute l'année et si vous voulez apprendre les bases de l'art des bonsaïs, ne cherchez pas plus loin.

Cotonéaster

Cotoneaster horizontalis

Cultivés pour leur port rampant et leurs fruits colorés, les cotonéasters sont des arbustes de jardin très populaires, largement utilisés comme couvre-sol dans les espaces verts difficiles. Ces plantes vigoureuses émettent des pousses sur le vieux bois, fleurissent et fructifient facilement. Ils tolèrent aussi la sécheresse, mais apprécient l'eau et les engrais. Ligaturez les branches charpentières et taillez pour mettre en forme. Pour plus de pousses et de branches, supprimez les feuilles à l'intérieur de la ramure.

Le bois mort est inhabituel mais naturel : cette vieille racine a été mise au jour quand l'angle de plantation a changé.

Chevelu racinaire idéal pour une croissance en pot.

Le pot qui s'élargit en haut s'accorde bien avec la demi-cascade ; des lignes fortes lui donnent de la masculinité.

Points clés

- **Les fleurs se pollinisent facilement,** sans aide extérieure ; apportez engrais et eau et vous aurez des fruits à profusion.
- **Taillez de manière sélective toute l'année,** pour créer la structure de base. Les branches vont remplir la ramure avec la technique de *clip'n'grow (voir p. 104).*

35 cm de haut

Remerciements à John Brocklehurst

En détail

En haut : les branches se courbent facilement quand elles sont jeunes, mais deviennent cassantes avec l'âge.
Au milieu : les fruits restent sur la plante tout l'hiver, mais protégez-les des oiseaux.
En bas : le bois mort tendre demande des nettoyages réguliers et une protection.

Érable trilobé

Acer buergerianum

Pour un amateur passionné, c'est le must. Mais même les débutants vont arriver à le mettre en forme, quels que soient sa taille et son style. Vous en profiterez toute l'année. En hiver, sans ses feuilles, il vous offre une belle ramification. Au printemps, ses bourgeons qui s'entrouvrent sont une merveille et en automne, les couleurs de son feuillage sont inégalables.

Points clés

- **Défoliez cet érable plusieurs fois par an** mais veillez à ne pas trop en faire. Vous pourriez affaiblir l'arbre ou le faire pousser trop grossièrement.
- **Les racines charnues** de cet arbre sont son talon d'Achille. Si le pot est soumis à un gel long et sévère, elles peuvent être gravement endommagées.

En détail

En haut : le nom de cet érable (érable trilobé, trident) vient de ses petites feuilles à trois lobes. Quand vous l'achetez, cherchez celui qui a les plus petites feuilles.
En bas : au fur et à mesure de sa croissance, le tronc s'accroche à son rocher, d'une manière organique qui paraît totalement naturelle.

35 cm de haut

Remerciements à John Pitt

Orme de Chine

Ulmus parvifolia

Assez courant dans les jardineries, cet arbre est souvent le premier achat des débutants. Il peut être considéré comme ordinaire, mais si vous êtes patient et attentionné, vous pouvez en faire un étonnant spécimen, aux très fines branches, bien ramifiées et à l'écorce joliment patinée par l'âge.

Points clés

- **Tolérant** de nombreux climats, cet orme supporte même la sécheresse.
- **S'il est cultivé à l'intérieur,** donnez-lui un maximum de soleil, mais éloignez-le des sources de chaleur, surtout les radiateurs.
- **Une taille directionnelle régulière** – *clip'n'grow* (*voir p. 104*) – encourage la croissance dans la direction voulue.

22 cm de haut

Remerciements à John Brocklehurst

En détail
En haut : au départ, taillez les racines assez sévèrement pour créer un chevelu racinaire. Ensuite, le but sera de tailler les racines pour former un *nebari* bien arrondi.
En bas : qui dit petites feuilles dit branches fines. En conditions chaudes, les feuilles poussent presque toute l'année.

Potentille arbustive

Potentilla fruticosa

Ce splendide arbuste donne une masse de jolies fleurs jaunes et orange. Grâce à sa capacité de résilience, la potentille fera un bonsaï idéal. Vous pouvez la tailler sévèrement, elle refera des pousses sur le vieux bois. Après la taille, elle donne de fines branches et si vous recherchez du bois mort et des troncs aux lignes intéressantes, il faut ôter beaucoup de branches. C'est un arbuste intéressant toute l'année et un excellent choix.

40 cm de haut

Remerciements à Peter Warren

Points clés

- **Les fleurs** se développent aux extrémités des nouvelles pousses. Si vous désirez obtenir des fleurs, ne taillez pas les jeunes pousses et apportez de l'engrais après la floraison. Si vous voulez plutôt des pousses, apportez de l'engrais tôt en saison et taillez.
- **Les branches** deviennent vite cassantes et ne peuvent plus être courbées. Formez donc la structure de base en premier, puis utilisez les ciseaux et la croissance directionnelle pour mettre l'arbre en forme.

En détail
En haut : des bourgeons se forment sur le vieux bois, après des dégâts dus à un gel sévère ou après une taille.
Au milieu : les fleurs varient selon les variétés. Supprimez les fleurs fanées avant qu'elles ne produisent des graines.
En bas : les sujets récoltés dans la nature ont parfois des veines sinueuses et des troncs creux.

Genévrier de Chine

Juniperus chinensis

Les genévriers sont les arbres les plus souvent utilisés pour faire des bonsaïs et celui de Chine plus que tous les autres. Ceci est dû en partie à son apparence nettement orientale mais aussi au fait que ses branches et son tronc répondent extrêmement bien à la mise en forme. Des coussins de feuillages arrondis se marient à la perfection aux lignes sinueuses de l'arbre et aux éléments de bois mort.

20 cm de haut

Remerciements à John Armitage

Points clés

- **Cet arbre superbe répond bien à la ligature** que vous pouvez mettre en place toute l'année.
- **N'ôtez jamais une quantité importante de feuillage** en une seule fois. Les genévriers sont particulièrement sensibles à la perte de leur feuillage. En réponse, ils développent une masse indésirable de pousses juvéniles.

En détail

En haut : le tronc *shari (voir p. 218)* a été sculpté à la main pour recréer du bois mort naturel.
Au milieu : le feuillage dense et compact est caractéristique de cette variante d'*Itoïgawa*.
En bas : le bois mort est recréé en suivant la ligne de la veine vivante des racines aux branches et en ôtant les sections qui ne sont pas nécessaires.

Les plus beaux persistants

Les persistants conservent leur feuillage toute l'année. Il en existe une multitude de variétés, dont beaucoup donnent des fleurs et des fruits. Les conifères présentés ici ont énormément de caractère et changent subtilement de couleur au fil des saisons.

Le feuillage persistant caractéristique de ce groupe est bien plus qu'un élément décoratif : c'est une usine énergétique qui fonctionne toute l'année pour produire l'énergie dont la plante a besoin pour croître. C'est la raison pour laquelle la plupart des persistants, particulièrement les genévriers, réagissent très mal quand on supprime trop de feuillage d'un coup. C'est un peu comme si on leur demandait de produire de l'énergie durant une panne de courant.

De nombreux persistants destinés à devenir bonsaïs sont des conifères. Ils demandent souvent beaucoup de ligatures pour rester en forme, mais il ne faut pas que cela vous rebute. Les pins par exemple, peuvent être intimidants, mais si vous comprenez les règles de base indispensables, vous pourrez les transformer en un temps relativement court. La majorité des conifères et particulièrement les pins, préfère ne pas être rempotée trop souvent. Laissez les arbres s'établir dans leur pot pour qu'ils développent un système racinaire vigoureux.

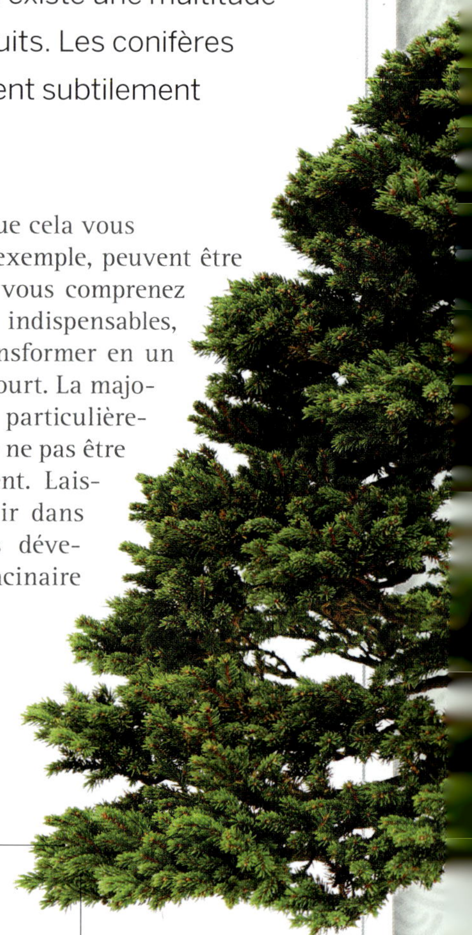

Feuillage dense, compact et légèrement désordonné.

La longue branche en cascade donne le mouvement. Les coussins de feuillage sont volontairement laissés assez bruts.

Épicéa de l'île Sakhaline

Picea glehnii

Les épicéas aux formes torturées proviennent de régions froides, où leurs branches se courbent sous le poids de la neige. Leurs petites aiguilles en font des arbres idéaux pour les bonsaïs et l'épicéa de l'île de Sakhaline est l'un des plus compacts. Les coussins de feuillage sont peu sophistiqués, en accord avec la nature sauvage de l'espèce.

Points clés

- **Les épicéas aiment la neige et supportent en général bien le froid.** Mais ils n'apprécient pas les vents glacés. Installez-les à la mi-ombre en été, abritez-les en hiver et ne laissez pas le pot exposé à des gels sévères.
- **Ligaturez les charpentières pour créer la structure.** Laissez les nouvelles pousses croître puis pincez les extrémités pour encourager la croissance d'autres nouvelles pousses à l'intérieur de la ramure.

45 cm de haut

Remerciements à John Pitt

En détail
En haut : les nouvelles pousses donnent deux tons au feuillage. Au milieu et en bas : les plantes compagnes et les racines sont des espèces alpines compactes que l'on trouverait dans l'environnement naturel de l'arbre. Elles apportent du caractère à la composition et servent aussi à dissimuler les défauts.

Ficus du Natal

Ficus natalensis

Le ficus du Natal est originaire d'Afrique du Sud. Il se plaît donc en climat subtropical. Et si vous lui donnez suffisamment de chaleur et de soleil, l'arbre sera vigoureux. Placé dans les bonnes conditions, il développera un superbe ensemble de troncs et de racines aériennes descendant au sol comme des étais, dans le style banyan. Mais si vous vivez dans un climat plus tempéré, ne désespérez pas ; vous cultiverez tout de même un beau sujet à l'intérieur ou en serre.

Points clés

- **Les feuilles coriaces supportent très bien la sécheresse** mais l'arbre préfère que vous l'arrosiez régulièrement.
- **Les feuilles un peu plus grandes que la moyenne** conviennent mieux sur un sujet un peu plus grand que la moyenne.
- **Les racines aériennes et les troncs multiples** se développent en conditions humides. Les opérations de taille favorisent leur croissance.

En détail

En haut : les revers des feuilles coriaces, ovales, pointues sont colorés de rougeâtre. Au milieu et en bas : encouragez la formation de troncs multiples pour donner une impression d'ancienneté et de vieil arbre massif. Les racines aériennes doivent se développer naturellement mais toutes celles qui deviennent trop épaisses doivent être supprimées.

50 cm de haut

Remerciements à Mangala Rao

Pin sylvestre

Pinus sylvestris

Si vous cherchez un arbre qui se forme tout seul en style lettré, cette espèce de pin est la candidate idéale. La nature lui a donné un tronc mince et élancé, avec seulement quelques branches supérieures, la moitié du travail est donc faite. De plus, le pin sylvestre pousse vigoureusement et répond bien aux techniques de bonsaïfication. Il vous faudra de la patience pour pratiquer le *mochikomi* (terme qui désigne à la fois le travail répété dans le temps et le temps passé dans le pot) mais la récompense en vaut la peine. Pas étonnant que cet arbre soit une star.

La taille encourage la production d'une masse de branches secondaires et tertiaires.

On obtient des aiguilles compactes en restreignant la croissance des racines et en limitant les engrais.

Un *yamadori* (arbre prélevé dans la nature) offre un mouvement du tronc naturellement élégant, qu'il est difficile de recréer avec des ligatures.

L'aspect impressionnant de l'écorce est dû à des années de culture en pot.

Un pot modeste mais raffiné est idéal avec un arbre de style lettré. La petite taille du pot aide aussi à restreindre la croissance.

71 cm de haut

Remerciements à Mike Rose

Points clés

- **L'écorce âgée, le feuillage compact et dense ainsi que le mouvement subtil du tronc** sont les signes d'un pin sylvestre bien cultivé qui a atteint un haut niveau de *mochiko* (*voir p. 218*).
- **Une taille sévère sur le dessus** force l'arbre à produire des bourgeons en hauteur. Ces derniers, en retour, produisent des branches élevées. Cet arbre répond bien à la taille.
- **Restreindre la croissance des racines** favorise un feuillage compact et donne une impression d'ancienneté à l'arbre.

En détail

En haut : l'écorce est très fragile, manipulez-la avec soin. Ne saisissez jamais l'arbre par le tronc.

Au milieu et en bas : ôtez chaque année une partie des aiguilles les plus anciennes, pour affiner l'arbre. Au fur et à mesure qu'il prend de l'âge, essayez de laisser plus d'aiguilles anciennes, car elles donnent une impression de maturité.

Pin noir du Japon

Pinus thunbergii

Ce pin masculin, puissant, compact, à la personnalité affirmée, est une star au royaume des bonsaïs japonais. Il s'adapte à une multitude de styles, depuis le style droit formel, jusqu'à la cascade, en toutes tailles. Ces aiguilles fortes et piquantes et sa croissance vigoureuse semblent en désaccord avec son écorce craquelée et vénérable. Mais cette apparente contradiction rend l'arbre spectaculaire.

Points clés

- **Les nouvelles pousses peuvent être taillées en été** pour obliger l'arbre à produire une nouvelle fois. Cela va doubler le nombre de branches et réduire de moitié la longueur des aiguilles.
- **Veillez à ce que les énergies de la plante** se répartissent uniformément, sinon, les branches les plus basses et celles de l'intérieur vont sécher. Pour arriver à cet équilibre, ôtez les aiguilles vigoureuses, pour restreindre la production d'énergie et permettre à la lumière – et l'énergie – de pénétrer dans les zones à l'ombre.

70 cm de haut

Remerciements à Mike Rose

En détail
En haut : réduisez la longueur des aiguilles pour les adapter à la taille de votre arbre.
Au milieu : la suppression des aiguilles a apporté de la lumière aux zones à l'ombre et leur a donné de la vigueur.
En bas : les racines donnent une impression de stabilité qui équilibre le style en cascade de l'arbre.

If

Taxus baccata

L'étonnant contraste entre le bois mort et vivant rend cet arbre spectaculaire. Vous pouvez même renforcer l'effet en blanchissant le bois mort. C'est un arbre superbe à cultiver en bonsaï, surtout si vous commencez avec un spécimen récolté dans la nature comme celui-ci. Une taille soignée et le pincement des nouvelles pousses encouragent la formation de bourgeons dont vous avez besoin pour créer de beaux coussins de feuillage.

42 cm de haut

Remerciements à John Pitt

Points clés

- **L'if pousse dans toute l'Europe** et supporte une vaste gamme d'environnements. Mais il aime être un peu à l'ombre en été.
- **Les racines charnues sont vulnérables:** veillez à bien les protéger en hiver.
- **Commencez par ligaturer pour obtenir la forme de base,** et pincez les nouvelles pousses pour que les bourgeons adventices se développent. Puis utilisez la taille directionnelle pour diriger les nouvelles pousses.

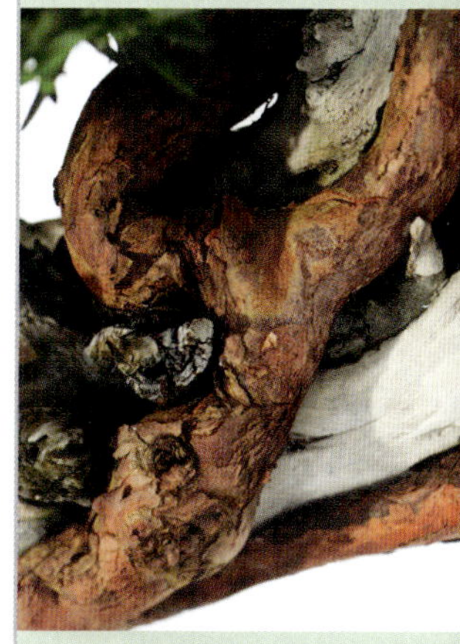

En détail

En haut et au milieu : une veine de bois vivant bien renflée pousse autour du bois mort et ce contraste illustre l'endurance de l'arbre.

En bas : les feuilles sont petites et le feuillage est compact, mais vous devez contrôler les zones trop denses par une taille attentive.

Les beautés saisonnières

L'un des grands plaisirs de la culture des bonsaïs est la possibilité de suivre le cours des saisons à travers votre sculpture – depuis les premiers bourgeons pleins d'espoir, qui éclatent au printemps, jusqu'au dernier baroud d'honneur du feuillage en automne. Les arbres présentés ici se réinventent eux-mêmes tout au long de l'année, dévoilant leurs spectaculaires atouts.

Le changement saisonnier le plus spectaculaire se passe à l'automne quand les arbres caducs prennent des tons de jaune, d'orange, de rouge et que leurs feuilles commencent à tomber avant que l'arbre ne rentre en dormance. Les érables, les zelkovas et les sumacs sont parmi les plus colorés, mais ils sont aussi magnifiques au printemps quand leurs boutons commencent à éclore et que les nouvelles feuilles apparaissent. Certains arbres sont majestueusement beaux deux semaines en tout, mais ils conservent encore le reste de l'année, une valeur esthétique en tant que bonsaïs. D'autres arbres offrent des fleurs et des fruits sur les quatre saisons, illustrant à merveille le temps qui passe et la nature cyclique de la vie.

Bougainvillée

Bougainvillea 'Blondie'

Ces plantes sarmenteuses préfèrent des conditions tropicales mais poussent en climat plus tempéré, si on les abrite l'hiver. Elles s'épanouissent complètement à la chaleur. Les spectaculaires « fleurs » sont en fait des bractées – des feuilles modifiées – qui attirent les insectes sur les vraies fleurs, qui sont minuscules. Ce sont des plantes qui se prêtent à beaucoup de choses et sont idéales en bonsaïs dans les zones chaudes.

Points clés

- **La plante supporte des tailles sévères.** Si elle pousse en climat chaud, il est possible de tailler très court.
- **Les jeunes pousses sont très souples** mais deviennent vite cassantes. Il est donc prudent de les mettre en forme très tôt.

La texture du tronc embellit avec l'âge et l'exposition au soleil.

Ce pot profond équilibre la cascade. Un pot légèrement plus petit aurait encore accentué le côté spectaculaire de l'arbre.

Le mouvement du tronc donne visuellement du poids à la base, équilibrant la cascade.

90 cm de haut

Remerciements à Mangala Rao

En détail
En haut : les petites fleurs tubulaires sont entourées de bractées qui ressemblent à des pétales.
Au milieu : le feuillage persistant cache parfois des tiges épineuses.
En bas : le tronc argenté contourné donne un côté spectaculaire à la de la cascade.

Mélèze du Japon

Larix kaempferi

Les petits cônes, le tronc droit et mince et des branches alternes, tels sont les trésors que l'arbre offre, qu'il pousse dans la nature ou en bonsaï. Ce conifère caduc est un enchantement tout au long de l'année. Au printemps, les bourgeons dorés donnent de jeunes pousses d'un vert très frais, suivies en automne par un feuillage jaune vif. En hiver, sa silhouette nue est adoucie par ses petits cônes ronds.

Points clés

- **Le délicat feuillage peut brûler** si le soleil est trop intense. Il est donc important de le protéger du soleil après avoir taillé les jeunes pousses.
- **Laissez un peu de longueur** aux branches entre les nœuds, sinon, les bourgeons alternes vont se retrouver trop proches les uns des autres et il en résultera un feuillage trop dense.

En détail

Les cônes, d'abord verts, puis bruns, s'ouvrent et restent sur l'arbre plusieurs années. Éclaircissez-les et n'en laissez pas trop dans une même partie de l'arbre, car cela déséquilibrerait l'ensemble. Éclaircir les cônes permet aussi de conserver l'énergie de l'arbre, car ils consomment beaucoup de nutriments.

88 cm de haut

Remerciements à Peter Chan

Azalée Satsuki

Rhododendron indicum

Cet arbuste persistant produit des centaines de superbes fleurs en été. De plus, vous pouvez choisir parmi des milliers de variétés, de toutes les formes et de toutes les couleurs, avec des feuilles de tailles très variées. Et quand les fleurs fanent, vous pouvez encore profiter tout l'automne et tout l'hiver de la jolie silhouette de la plante, de son feuillage et de sa belle écorce.

Ne taillez pas le sommet trop sévèrement pour conserver la force de la plante.

Ces boutons floraux sur le point de s'ouvrir sont la promesse de plusieurs semaines de spectacle.

Supprimez les nouvelles pousses quand elles entrent en conflit avec les fleurs.

Évitez un apex faible en ne laissant pas les fines racines se compacter.

Points clés

- **Même les bourgeons situés sur le vieux bois** peuvent se développer, ce qui rend cet arbre facile à former. Il supporte tous les styles.
- **Ces arbres de climat tempéré à doux** préfèrent des conditions humides, un sol et de l'eau à pH acides.

54 cm de haut

Remerciements à Ian Cuppleditch

En détail

En haut et en bas : avec le temps, le tronc va se patiner, et la plante va dégager une impression apaisante quand elle n'est pas en fleur. Au milieu : voici l'un des nombreux types de fleurs. Les fleurs doivent être abritées de la pluie. Supprimez-les quand elles commencent à faner.

En détail
En haut et en bas : le tronc à plusieurs couleurs est un élément majeur de la composition. Il présente des trous et des vides intéressants. Au milieu : les petites feuilles ovales sont brillantes et joliment veinées. Elles sont portées par une masse de fines branches.

Sageretia

Sageretia thea

Avec ses grappes de fleurs blanches suivies de petits fruits bleus, cet adorable persistant est souvent cultivé en bonsaï d'intérieur, en climats tempérés. C'est un arbre qui pousse vigoureusement, n'ayez pas peur de le tailler toute l'année pour le mettre en forme, en utilisant la taille directionnelle. Il vous offrira en retour de nombreuses petites branches. Il peut même former des bourgeons sur le vieux bois.

63 cm de haut

Remerciements à Hoka-en

Points clés

- **L'arbre demande du temps** pour s'épaissir. Mais des tailles régulières encouragent la formation de nombreuses branches fines.
- **Préservez-le du gel.** Et si vous le cultivez à l'intérieur, éloignez-le des sources de chaleur. Il n'aime avoir ni trop chaud ni trop froid. Il adore le soleil et les atmosphères humides.

Orme de Sibérie

Zelkova serrata

Si vous recherchez un arbre résistant que vous pouvez rapidement transformer en un petit ou moyen bonsaï avec une masse de fines branches, alors le zelkova est fait pour vous. Son feuillage d'automne est un plus. Il vire au jaune foncé et devient spectaculaire. Le zelkova est exclusivement cultivé en style balai, avec ses branches qui partent d'un même point sur le tronc. C'est la forme que prend l'arbre quand il pousse dans la nature.

Points clés

- **Vous pouvez défolier l'arbre** au moins deux fois par an sous la plupart des climats, pour encourager la formation de très petites feuilles et d'une ramification dense. Ôtez toutes les grandes feuilles le plus tôt possible.
- **Repérez les branches** qui partent d'un même nœud, et éclaircissez en laissant deux branches maximum.

Quand les feuilles sont tombées ou ont été supprimées, faites une taille directionnelle.

Planter l'arbre légèrement désaxé, permet de créer de l'espace négatif (*voir p. 219*) qui met en valeur la silhouette.

Le tronc est parfaitement droit.

Dans le style balai, toutes les branches partent d'un même point sur le tronc et s'évasent.

Taillez soigneusement les racines pour développer un *nebari* (*voir p. 218*) bien arrondi.

25 cm de haut

Remerciements à Ian Cuppleditch

En détail

En haut et au milieu : taillez les nouvelles pousses au-dessus d'un bourgeon tourné dans la bonne direction, pour encourager le développement des autres branches.
En bas : les fines branches sont visibles quand l'arbre a perdu ses feuilles en hiver.

Érable japonais

Acer palmatum 'Deshojo'

Il existe de nombreuses variétés d'érables, chacune avec un port et des feuilles différentes. L'élégant et populaire 'Deshojo' offre en automne un feuillage particulièrement beau mais il est aussi ravissant aux autres moments de l'année. Vous profiterez de ses bourgeons au printemps, de son frais feuillage estival et de sa silhouette en hiver – autant que de ses couleurs d'automne.

Points clés

- **Les jeunes pousses et les jeunes feuilles** sont fragiles. Protégez-les du vent et du gel au printemps jusqu'à ce que les feuilles se soient endurcies.
- **Pour affiner la ramification,** raccourcissez les entre-nœuds. Pour cela, pincez le bourgeon central quand les feuilles commencent à se développer. Ne fertilisez pas trop tôt non plus dans l'année.

En détail

Les feuilles à cinq lobes craignent spécialement la chaleur et le vent. La défoliation réduit la taille des feuilles et provoque une seconde croissance, mais elle affaiblit aussi l'arbre. Vous devez faire très attention à la fréquence et à l'importance des défoliations.

90 cm de haut

Remerciements à Peter Chan

Cognassier du Japon

Chaenomeles japonica

Normalement en fleur de la fin de l'hiver au début du printemps, les cognassiers du Japon arrivent, sous certains climats, à produire leurs fleurs rouges, rouge orangé ou blanches (selon la variété) presque toute l'année. En fait, cet arbre est connu au Japon sous le nom de *Chojubai*, que l'on peut traduire par « prunier qui vit longtemps ». Mais c'est en hiver que le cognassier du Japon dévoile tous ses atouts, avec sa silhouette surprenante. C'est un choix idéal si vous cherchez un petit ou moyen arbre à fleurs intéressant aussi en hiver.

Points clés

- **Fertilisez, arrosez et donnez un substrat riche** et qui retient l'eau, pour obtenir les meilleurs résultats.
- **Ajoutez** un peu de pierre de lave lors du rempotage, pour améliorer l'aération.
- **Rempotez** toujours en automne pour réduire le risque de galle du collet.
- **L'écorce se desquame avec l'âge** mais le tronc finit par s'épaissir lentement. Il vous faudra donc de la patience.

25 cm de haut

Remerciements à John Brocklehurst

En détail

En haut : les petites feuilles du cognassier du Japon en font une espèce idéale pour réussir un arbre miniature.
Au milieu : ôtez les fleurs dès qu'elles commencent à faner.
En bas : pour obtenir une motte racinaire bien nette, supprimez les gourmands.

Charme commun

Carpinus betulus

Les charmes sont des espèces forestières caduques qui répondent bien à la taille directionnelle et à la ligature légère. Vous parviendrez donc facilement à en faire des sujets à l'aspect naturel. Ils prennent aussi de superbes coloris d'automne allant du jaune pour le charme commun, européen, à l'orange vif pour l'espèce coréenne. La couleur, combinée à un beau tronc – surtout chez les sujets âgés – en fait des arbres superbes en automne comme en hiver.

Points clés

- **Encouragez la formation de branches** fines en taillant chaque année les jeunes pousses assez sévèrement juste après que les feuilles se soient endurcies.
- **Les racines droites,** vigoureuses qui se développent à la base du tronc doivent être sévèrement taillées. Elles bloquent le développement de racines plus fines dont l'arbre a besoin pour être en pleine santé.

En détail
En haut et en bas : réduisez la taille des feuilles en réduisant les apports d'engrais au printemps et en rempotant moins souvent. Abritez le feuillage du soleil trop ardent.
Au milieu : le beau tronc double a été créé en plantant deux arbres très près l'un de l'autre.

25 cm de haut

Remerciements à Gavin Allen

Fusain ailé

Euonymus alatus

Le fusain ailé doit son nom aux excroissances liégeuses qui se développent sur ses branches, un peu comme des ailes. Il prend de superbes coloris rouges à l'automne. Il existe bien d'autres espèces de fusain que l'on peut cultiver en bonsaïs et toutes fleurissent, font des fruits et prennent de belles couleurs automnales. C'est un arbre relativement facile à cultiver, qui répond bien à la taille et qui prend vite une jolie forme naturelle.

Points clés

- **C'est la taille** qui fait la mise en forme plus que la ligature qui risque d'abîmer les excroissances liégeuses des tiges.
- **Ne laissez pas le substrat sécher** et veillez à ce que les feuilles ne brûlent pas au soleil. Il faudra aussi l'abriter du gel en hiver.

30 cm de haut

Remerciements à Peter Warren

En détail

En haut : si vous voulez en faire un *shohin* (*voir p. 218*), vous pourrez réduire la taille des feuilles par la défoliation. Au milieu et en bas : la différence entre l'écorce du bas du tronc et celle des tiges est nette. Il est plus facile de ligaturer les branches avant qu'elles aient développé leurs excroissances liégeuses.

En détail
En haut : les petites feuilles ovales et vertes ont une texture un peu rêche et des bords finement dentés.
Au milieu : un coup de sec à la formation des fruits, et ces derniers tombent. Attention !
En bas : sur la base massive, les cicatrices sont les restes des autres troncs utilisés pour développer l'épaisseur.

Houx serreté

Ilex serrata

Cet arbre caduc est superbe de la fin de l'automne au printemps, quand il est couvert de fruits. L'association d'un tronc épais, de branches bien proportionnées et de petits fruits est difficile à égaler. Pour le faire fructifier, vous devez avoir un grand houx mâle qui pollinisera votre houx femelle. Vous ne travaillerez que le houx femelle et laisserez le houx mâle libre, pour qu'il forme de multiples branches et de nombreuses fleurs. Cet arbre a un beau feuillage d'été, un atout supplémentaire.

Points clés

- **Les nouvelles pousses** ont tendance à croître verticalement, ce qui nuit à la silhouette de l'arbre. Supprimez-les en conservant les pousses inférieures et en ligaturant celles qui poussent tout droit, pour les mettre en position plus horizontale.
- **Cet arbre toujours assoiffé** aime les climats humides. Ne le laissez pas sécher quand il forme ses fruits.
- **Protégez les fruits des oiseaux** quand les feuilles tombent, sinon, ils vont s'en donner à cœur joie.

52 cm de haut

Remerciements à John Brocklehurst

Érable ginnala

Acer ginnala

Certains arbres sont spectaculaires par certains côtés, moins par d'autres et c'est le cas de celui-ci. Son atout principal est sans conteste son incroyable feuillage d'automne, mais il a des feuilles un peu grandes et un port un peu moins attractif que ses cousins, *A. palmatum* et *A. buergerianum*. Il est plus difficile à former en un arbre dense et bien ramifié. Il sera donc toujours moins beau en hiver que ses cousins. Mais cela ne signifie pas que l'on ne peut pas l'apprécier pour ce qu'il a à offrir.

Points clés

- **Splendide pendant deux ou trois semaines par an,** avec un joli feuillage d'automne, l'arbre développe avec le temps un tronc plein de caractère, beau à voir toute l'année.
- **Il n'a pas de besoins spéciaux.** Cultivez-le comme un *Acer palmatum* (*voir p. 74*).
- **Le manque de bourgeons adventices** fait qu'il est difficile de lui donner une belle forme.

40 cm de haut

Remerciements à Mike Rose

En détail

En haut : les extrémités des branches ont tendance à être un peu étiolées et grossières.

Au milieu : après plusieurs années de culture en pot, le tronc a pris une subtile couleur grise, joliment striée.

En bas : le feuillage d'automne est le grand atout de cet arbre.

En détail
En haut : les imperfections des feuilles donnent un aspect très naturel à l'arbre.
Au milieu et en bas : l'écorce craquelée donne à l'arbre une apparence vénérable, spectaculaire en hiver.

Prunellier

Prunus spinosa

Tout amoureux des bonsaïs devrait cultiver un *Prunus*. C'est un genre qui comprend les pruniers, les cerisiers, les pêchers et les amandiers. Cette espèce courante, européenne, est largement présente dans nos campagnes. Elle porte de délicates fleurs parfumées, des fruits (des prunelles), a de beaux coloris d'automne, une écorce bien texturée avec l'âge et ses branches prennent des formes naturellement contournées, impossibles à recréer avec des ligatures.

Points clés

- **Mettez en forme** pour arriver à une croissance angulaire ne nécessitant que peu de ligatures pour pousser dans la direction désirée. Puis manipulez doucement les branches secondaires, en vous assurant qu'il y a une portion de tige rectiligne entre chaque nœud.
- **Ce sont des plantes relativement assoiffées.** Veillez bien à ce qu'elles ne sèchent pas, surtout durant la floraison, si vous voulez avoir des fruits. Il est cependant préférable de supprimer les fruits, qui fatiguent l'arbre.

62 cm de haut

Remerciements à John Pitt

Pommier à fleurs nain

Malus sp.

Si vous désirez un arbre fruitier facile à entretenir, intéressant durant plusieurs saisons, ne cherchez plus : le genre *Malus* vous offrira une splendide floraison au printemps, suivie par de nombreux fruits en automne. Les feuilles sont peut-être un peu grandes et la pousse des branches très grossière, mais les fleurs et les fruits splendides compensent largement cela.

Points clés

- **La croissance est rapide,** mais les branches restent assez épaisses et il est difficile de les faire s'effiler.
- **Taillez toutes les pousses vigoureuses** aux allures de gourmands qui se développent sur le vieux bois, sinon, l'arbre va en pâtir.
- **Fertilisez abondamment** une fois que les fruits se sont formés. Ne fertilisez ni pendant ni juste après la floraison, sinon l'arbre va développer des feuilles plutôt que concentrer son énergie dans les fruits.

28 cm de haut

Remerciements à John Pitt

Une partie des fruits reste sur l'arbre en hiver.

Les feuilles sont plus petites sur les variétés naines.

Le tronc est sévèrement taillé quand il est jeune, pour qu'il s'épaississe.

Le pot de couleur claire met en valeur les fruits et équilibre le tronc massif.

En détail

En haut et au milieu : les fleurs sont généralement pollinisées naturellement, mais pour être sûr d'obtenir des fruits, cultivez plusieurs espèces différentes de *Malus*. En bas : pour arriver à un tel tronc, épais et plein de personnalité, il faut couper pendant plusieurs années.

En détail
En haut et en bas : l'arbre possède de jolies feuilles aux bords crénelés, vert pâle au printemps, vert brillant en été et brunes en automne et en hiver.
Au milieu : l'arbre développe naturellement deux très fortes racines. Une taille régulière des racines va former un *nebari* (*voir p. 218*) équilibré.

Hêtre crénelé

Fagus crenata

L'atout majeur de cet arbre caduc est sa capacité à conserver ses feuilles brunies tout l'hiver, pour les perdre au printemps. C'est ainsi qu'il protège ses bourgeons durant les mois les plus froids de l'année. L'arbre arbore aussi un magnifique tronc lisse et argenté. Cette association de brun et d'argent est étonnante en hiver.

Points clés

- **Trop de pousses** peuvent empêcher la lumière d'atteindre les branches internes et celles du dessous. Le remède : une taille régulière au-dessus d'un bourgeon plus faible.
- **Les racines non taillées** deviennent trop puissantes et déséquilibrées. Taillez-les et rempotez l'arbre régulièrement pour équilibrer la croissance des racines.

94 cm de haut

Remerciements à Ian Cuppleditch

Orme champêtre

Ulmus procera

Les ormes font d'excellents bonsaïs et l'orme champêtre est l'un des meilleurs car ses branches sont un peu plus lignifiées et plus ordonnées que celles des autres ormes. Le tronc épais de cet arbre et la masse des fines pousses aux extrémités des branches composent une superbe image hivernale. Il est aussi très beau au printemps, avec le vert vibrant de ses jeunes feuilles aux bords dentés qui forme un contraste saisissant avec le vénérable tronc. C'est un arbre pour toutes les saisons qui vit longtemps.

Points clés

- **Ne laissez pas l'arbre sécher** mais ne le laissez pas non plus baigner dans l'eau.
- **Originaire des climats tempérés du nord,** cet arbre supporte le froid, mais ses longues racines souples apprécient une protection en cas de gel sévère.

27 cm de haut

Remerciements à John Pitt

En détail
En haut et au milieu : le tronc gris brun fissuré montre des signes de *mochikomi* (*voir p. 218*). La mousse sur le tronc donne à l'arbre la patine du temps. En bas : ce vieil arbre a une masse de branches tertiaires.

Les stars locales

La mondialisation a aussi touché le monde des bonsaïs, qui sont désormais cultivés dans des pays aux climats très différents. Cela a permis l'émergence de nouveaux styles, de nouvelles espèces et techniques. L'esthétique a également évolué. Elle s'est éloignée des conventions et des styles japonais traditionnels. Cet art a bénéficié de l'apport de nouvelles idées et d'un dynamisme renouvelé.

L'art des bonsaïs a toujours promu l'utilisation d'arbres autochtones: ce que devient un arbre issu d'un milieu naturel dépend uniquement du sens esthétique de l'artiste qui le crée – et contrairement à ce que l'on croit, les maîtres dans l'art du bonsaï sont ouverts à de nouvelles explorations de leur art et de leurs pratiques, mais ils continuent à suivre certains principes fondamentaux, comme le choix de l'arbre. En effet, on peut utiliser n'importe quelle espèce d'arbre pour faire un bonsaï à condition de connaître la nature et de comprendre le caractère et le port naturel de l'arbre. Il serait contraire à ces principes de choisir un arbre sud-africain et de le former en style japonais classique. Ce chapitre vous présente certains des plus beaux spécimens du monde des bonsaïs, chacun plus particulièrement représentatif d'une zone géographique spécifique.

Les branches deviennent cassantes avec le temps. Il est donc préférable de ligaturer quand le bois est jeune.

La branche a été mise en forme par une ligature sur une structure externe.

Filao

Casuarina equisetifolia

Avec son feuillage persistant qui évoque des aiguilles et ses graines qui ressemblent aux cônes des conifères, cet arbre a des allures de pin. On le trouve en Inde, en Australasie et dans le sud-est de l'Asie, surtout en Indonésie. Il peut pousser très vite. Ne le fertilisez donc pas trop. Formez-le avec la technique du *clip'n'grow* (tailler et laisser pousser) et par des ligatures.

Points clés

- **Bien qu'il soit très résistant à la sécheresse,** il est préférable de lui conserver un terreau frais. À cause de la présence de bactéries symbiotiques, certaines espèces apprécient de temps en temps des pulvérisations d'eau salée.
- **Nourrissez avec un engrais** pauvre en azote, pincez régulièrement et supprimez les vieilles aiguilles plus très belles, mais ne défoliez jamais l'arbre.

55 cm de haut

Remerciements à Mangala Rao

En détail

En haut : le feuillage compact semblable à des aiguilles est souvent pincé et taillé.
Au milieu et en bas : le *nebari* (*voir p. 218*) se forme assez facilement et l'écorce va se patiner après un certain nombre d'années de culture en pot.

Aubépine

Crataegus monogyna

En détail
En haut : les fruits restent longtemps en hiver.
Au milieu : les feuilles divisées en lobes (entre trois et sept) sont ravissantes.
En bas : l'aubépine fleurit quand elle est bien établie en pot, il faut donc éviter les rempotages trop fréquents.

Bien qu'on la trouve dans toute l'Europe, l'aubépine est spécialement présente en Grande-Bretagne et c'est là que vous verrez les plus beaux sujets sauvages. Choisissez l'aubépine pour son intérêt tout au long de l'année : un beau feuillage, d'adorables fleurs parfumées et des fruits intéressants. Comme on peut s'y attendre, l'aubépine gagne à être traitée en style naturel.

Points clés

- **Les éléments de bois mort,** y compris les trous dans le tronc, sont possibles sur l'aubépine, mais quand vous travaillez sur un sujet récolté dans la nature, évitez de laisser des marques dues aux outils.
- **Les branches vigoureuses** peuvent créer des nœuds denses. Éclaircissez régulièrement les nœuds d'où partent de multiples branches.

104 cm de haut

Remerciements à Ian Cuppleditch

Chêne pédonculé

Quercus robur

C'est l'arbre anglais par excellence. Il évoque à la fois la force, la longévité et la campagne anglaise. Cette résonance culturelle profonde lui donne un supplément de sens, qui va au-delà de sa beauté. Ses feuilles un peu larges et ses branches grossières en font un arbre un peu moins délicat qu'un érable par exemple, mais il vous offrira tout de même de superbes coloris d'automne.

Points clés

- **Les éléments de bois mort,** comme l'écorçage ou les cavités dans le tronc, sont possibles.
- **Le chêne pédonculé** se prête surtout au style érigé.
- **Vous pouvez réduire** la taille des feuilles en restreignant la croissance des racines et en apportant moins d'engrais au printemps.

Le travail sur la ramification et la réduction de la taille des feuilles demande de la patience.

Une bonne aération prévient les attaques d'oïdium sur les feuilles.

Les racines de surface ont, avec le temps, formé un *nebari* (*voir p. 218*).

Le tronc épais est typique des chênes.

Le pot relativement masculin convient parfaitement à cet arbre puissant.

70 cm de haut

Remerciements à Harry Tomlinson

En détail

En haut : la forme des feuilles est reconnaissable entre mille. Les feuilles peuvent prendre une belle gamme de couleurs tout au long de l'année.
Au milieu : la cavité dans le tronc (*uro*) est un caractère intéressant.
En bas : ne laissez pas les algues s'installer, elles décolorent le tronc.

En détail
En haut et au milieu : les petites feuilles coriaces persistantes et les branches compactes se développent vite après une taille.
En bas : les troncs brun gris s'effilent naturellement.

Tamarin d'Inde

Pithecellobium dulce

Dans certaines régions du monde, cet arbre persistant et épineux est considéré comme invasif. Mais vous pouvez le garder sous contrôle en tant que bonsaï. Avec sa croissance rapide, sa longue floraison, ses fruits comestibles et ses jolies gousses spiralées, c'est une plante très gratifiante. Ici, le tamarin a été cultivé en groupe, ce qui donne l'effet d'une forêt tropicale du Mexique ou d'Amérique centrale, sa région d'origine.

Points clés

- **Cette plante qui pousse vite** tolère les tailles sévères et nombreuses. Les erreurs sont vite oubliées. Les pincements stimulent la ramification.
- **Les petites fleurs blanches** apparaissent de novembre à mai, suivies par des gousses rosâtres en spirale. Les graines sont utilisées dans les caris.

50 cm de haut

Remerciements à Mangala Rao

Cette plantation en forêt a une jolie forme arrondie.

Parfois appelée épine de Madras, cette plante peut développer de petites aiguilles.

Les racines exposées et les petites plantes compagnes renforcent l'effet de forêt.

Un plateau de marbre sert de support.

Figuier blanc

Ficus virens var. *glabella*

Les Anglais l'appellent le figuier rouge-à-lèvre, à cause de ses jeunes feuilles spectaculaires, rose vif, aux veines crème. Elles deviennent vert tilleul en vieillissant et vert plus foncé en seulement quelques jours. C'est une plante aux grandes feuilles, n'espérez pas en faire un délicat petit bonsaï.

Points clés

- **Cet arbre tropical** pousse vite ; il demande donc un entretien constant pour bien se développer. Vous pouvez le former dans n'importe quel style sauf le style balai.
- **Des tailles fréquentes** vont donner une plante un peu plus compacte et des feuilles un peu plus petites. L'arbre émet des bourgeons sur le vieux bois.

70 cm de haut

Remerciements à Mangala Rao

En détail
En haut : après une courte période de chute des feuilles, d'autres jeunes feuilles apparaissent.
Au milieu : branches et tronc ont vite l'air âgés.
En bas : les fruits sont petits, lisses et verdâtres, avec des taches rouges quand ils sont mûrs.

En détail
En haut et en bas : le bois sinueux, âgé et patiné est très recherché et on le trouve parfois sur des *yamadori* (*voir p. 218*). Au milieu : ces genévriers au feuillage coriace résistent aux sécheresses, et peuvent, avec le temps, devenir plus compacts.

Genévrier de Californie

Juniperus californica

Comme son nom l'indique, ce genévrier est natif de Californie, où il tolère des sécheresses et des températures extrêmes. Ce sujet a été collecté dans le désert de Mojave. Un *yamadori* (sujet prélevé dans la nature) de cette qualité est rare de nos jours. Bien que ces arbres poussent lentement en conditions arides, ils s'épanouiront avec de l'eau et des engrais adaptés.

Points clés

- **Les genévriers de Californie** ont souvent des veines de bois vivant fines, comparées à la masse du bois mort, ce qui dénote leur force de survie.
- **Le bois mort est dur et durable,** mais veillez à ce qu'il ne pourrisse pas, ce qui arrive quand il est au contact quotidien de l'eau.

90 cm de haut

Remerciements à Ryan Neil

Sequoia sempervirens

Sequoia sempervirens

Cette espèce est connue pour sa haute taille et son port rectiligne, aussi bien que pour sa capacité à se régénérer et à repousser. Les plantes collectées sur la côte californienne à partir d'une seconde ou troisième croissance (le climat doux permettant plusieurs tailles suivies de repousses) font des sujets parfaits en bonsaïs. Ils préfèrent les climats humides, la mi-ombre en été et une protection en hiver. Ils développent naturellement des pousses adventices sur le tronc. Avec de l'attention et du travail, on peut créer des coussins de feuillage.

Points clés

- **Les éléments de bois mort** sont naturels. Les sujets tourmentés issus d'une seconde croissance sont créés par le vent, la tempête aussi bien que par les coupes faites par les forestiers.
- **Le délicat feuillage** brûle au soleil et tombe quand les hivers sont très froids. Protégez vos arbres des conditions extrêmes.

Le feuillage est fin, compact et semblable en apparence à celui de l'if.

Une fois que le squelette de base a été créé, une taille soignée va donner en quelques années des coussins de feuillage dense.

Le tronc se sculpte de mille manières.

Un pot masculin, fort est idéal pour cet arbre visuellement lourd.

52 cm de haut

Remerciements à Ryan Neil

En détail

En haut et en bas : les *yamadori* (*voir p. 218*) ont un caractère affirmé. Évitez de travailler le bois et essayez de laisser le sujet aussi naturel que possible. Au milieu : une taille sélective donne des coussins de feuillage dense.

Genévrier des Rocheuses

Juniperus scopulorum

Ce genévrier que l'on trouve principalement dans les Montagnes rocheuses est connu pour sa capacité à pousser et survivre en conditions extrêmes. Ces conditions entraînent la formation de bois mort d'une incroyable beauté. Le feuillage est délicat et fin comparé à celui du genévrier de Californie et si on le taille sévèrement, il retrouve des caractères juvéniles.

Points clés

- **Il faut maintenir** la croissance constante, tout en le taillant pour maintenir sa vigueur et stopper la production de feuillage juvénile.
- **Les variétés à fin feuillage** sont fragiles. Attention aux extrémités qui sèchent durant la saison de croissance.

90 cm de haut

Remerciements à Ryan Neil

Taillez les jeunes pousses tout en laissant des extrémités vigoureuses.

Le bois mort qui s'est formé naturellement contraste superbement avec le fin feuillage.

Les éléments de bois mort sont tels qu'ils ont été trouvés dans la nature.

La couleur et la texture subtiles de ce pot cuit au feu de bois complètent parfaitement l'arbre.

En détail

En haut et en bas : le bois mort naturel est impossible à reproduire artificiellement. Dur et durable, il évoque la lutte de l'arbre contre les éléments naturels. Au milieu : une ramification dense.

Pin jaune

Pinus ponderosa

Ce pin, que l'on trouve sur les pentes des montagnes, ou dans les vallées sèches, supporte le vent, la sécheresse, les sols pauvres, les hivers rigoureux. Ses formes naturellement tourmentées sont le reflet de son endurance. Il est souple, mais résistant et ses branches flexibles ainsi que ses bourgeons adventices en font un candidat idéal pour un bonsaï.

Points clés

- **Travaillez sur la ramification** et donnez autant du soleil que possible pour encourager la pousse des branches et juguler celle des aiguilles.
- **Réduisez le nombre des aiguilles** sur les parties vigoureuses et laissez les zones plus faibles intactes. Ne supprimez pas les chandelles de ce pin : ôtez les bourgeons terminaux des zones vigoureuses, là où des bourgeons adventices existent déjà.

80 cm de haut

Remerciements à Ryan Neil

En détail
En haut et en bas : une écorce déchiquetée, tourmentée, est un élément important.
Au milieu : des groupes de bourgeons se forment à l'extrémité de pousses de l'année précédente. Ils se développeront en chandelles, puis en pousses.

Des effets spectaculaires

De nombreuses espèces utilisées en bonsaï poussent naturellement dans des conditions extrêmes et certains des plus beaux spécimens ont été prélevés dans la nature, pour tirer parti de leur âge et des effets d'une vie à la dure. Arriver à travailler sur une silhouette de caractère, sur un sujet naturellement établi, tout en mettant en forme des branches et des coussins de feuillage, tel est le challenge qui attend les amateurs de bonsaïs.

Le matériel récolté dans la nature est appelé *yamadori* et il est au départ d'un grand nombre de chefs-d'œuvre, dans le monde entier. L'éthique de la collecte relève de chaque individu, mais le prélèvement ne doit jamais être pris comme une source illimitée de matériel gratuit et les arbres doivent être récoltés au bon moment pour leur assurer de bonnes chances de survie. Il va sans dire que dans la plupart des pays, vous ne pouvez arracher des plantes comme bon vous semble. Les arbres doivent être légalement collectés et il faut toujours obtenir la permission avant de procéder à la transplantation. Il peut y avoir des raisons environnementales pour laisser un arbre là où il pousse. Une collecte excessive, illégale, combinée à des taux de survie très bas, dus à un manque de soins, pose de réels problèmes. Si vous désirez vraiment posséder l'un de ces arbres, il est recommandé de vous adresser à une pépinière réputée.

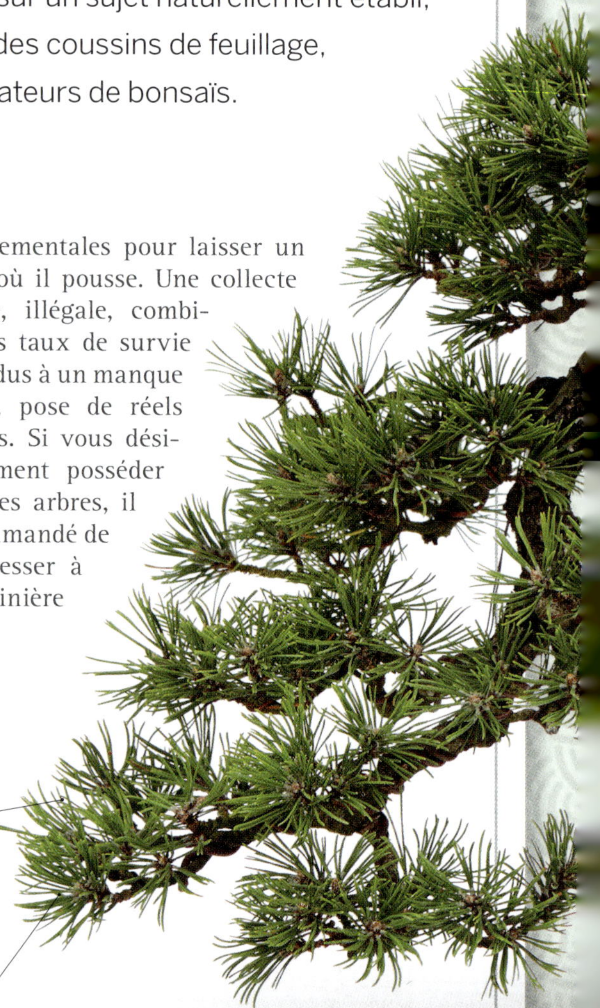

Cet arbre a seulement été ligaturé une fois depuis sa collecte. Les coussins de feuillage et les branches demandent encore un peu de travail.

La cascade de l'arbre commence avec les racines et finit avec les coussins de feuillage bien équilibrés.

Pin des montagnes

Pinus mugo

Le plus résistant des pins européens est une superbe espèce pour bonsaïs, avec des branches souples qui supportent des transformations importantes et une belle écorce texturée qui se développe avec le temps. On peut réduire la longueur des aiguilles en travaillant sur la ramification, au bout de plusieurs années de culture. Compactez les coussins de feuillage par des tailles répétées pour créer un arbre à l'aspect vénérable.

Le bois mort est tel qu'on le trouve dans la nature.

Un pot très texturé et profond accueille le système racinaire – souvent important sur des arbres collectés dans la nature.

Points clés

- **Les aiguilles peuvent être épaisses et charnues,** évitez les bourgeons congestionnés. Éclaircissez les pousses terminales vigoureuses pour encourager la formation de bourgeons adventices.
- **Éclaircissez les aiguilles** si l'espace entre les branches l'exige ou si elles sont sales. De nouveaux bourgeons vont alors se former à la base des anciennes aiguilles.

35 cm de haut

Remerciements à John Pitt

En détail
En haut : avec des soins appropriés, la taille des aiguilles peut être réduite.
Au milieu : des racines épaisses et fortes retiennent la cascade.
En bas : le bois mort est laissé tel qu'il était dans la nature. Le travail de la nature est inimitable, pensez-y avant de travailler les éléments.

Mélèze d'Europe

Larix decidua

60 cm de haut

Remerciements à John Pitt

Ce mélèze *yamadori* européen est réellement spectaculaire. Il a été trouvé dans les Alpes italiennes. Les mélèzes n'aiment pas la taille des racines, la collecte de cet arbre, avec son système racinaire bien établi, était donc un vrai challenge. Un pot traditionnel n'aurait clairement pas fait l'affaire. Le propriétaire, qui a aussi fabriqué le pot, est arrivé à cette solution inventive et artistique. Il faut parfois savoir sortir des sentiers battus !

Un *tenjin* (bois mort), à l'extrémité, évoque l'environnement hostile auquel l'arbre a été confronté.

La croissance est légèrement moins grossière que celle du mélèze du Japon.

Le pot sphérique, un exemplaire unique, à la texture rocheuse, a été créé spécialement pour cet arbre par John Pitt.

Une spectaculaire branche en cascade donne du mouvement et une direction à la composition.

Points clés

- **Avec l'âge,** l'arbre développe une superbe écorce, caractérisée par des craquelures et des stries.
- **La croissance** est un peu plus fine que celle du mélèze du Japon. Vous pouvez encore l'affiner par des éclaircissages réguliers. Cette espèce possède en général des branches délicates.
- **Le mélèze** pousse vigoureusement. Il remplace extrêmement vite ses pousses qui ont taillées.

En détail

En haut : des racines qui s'accrochent naturellement font de cet arbre un candidat idéal pour une semi-cascade.
Au milieu : le feuillage délicat est arrangé en volutes. Vert pâle au printemps et en été, il vire au jaune doré en automne.
En bas : le pot texturé fait écho au tronc noueux.

Olivier

Olea europea var. *sylvestris*

Dans la nature, l'olivier vit des centaines d'années. C'est un arbre résistant, résilient, qui répond bien à la formation. Cette variante à petites feuilles est souvent utilisée pour faire des bonsaïs et obtenir de spectaculaires effets. Les spécimens collectés comme celui-ci présentent souvent d'intéressants bois morts. Avec son écorce écailleuse, à l'aspect très âgé, ses petites feuilles, et ses branchages compacts, ce sujet a de l'allure.

Le bois mort (*tenjin*) contrebalance le feuillage compact.

L'écorçage du tronc (*shari*) fait paraître la plante plus âgée, et lui donne du caractère.

Des tailles régulières créent des coussins de feuillage dense.

Veillez à ne pas endommager l'écorce âgée et écailleuse.

Une base forte est essentielle pour cet élégant lettré (*literati*).

Le petit pot évoque un environnement difficile, mais ses proportions empêchent pourtant l'arbre de basculer.

50 cm de haut

Remerciements à Mike Rose

Points clés

- **Le bois mort et celui qui est vivant** ont la même couleur, à la différence des genévriers ou des ifs, ce qui fait que le contraste n'est pas aussi frappant. Maintenez une ligne entre les deux et conservez la différence subtile qui existe entre les deux bois.
- **Les feuilles** sont de petite taille, mais elles peuvent encore être réduites par la défoliation et par la réduction des apports d'engrais.

En détail

En haut : cette variété à petites feuilles vient d'Espagne, et surtout de Majorque. Les feuilles persistent en hiver.
Au milieu et en bas : le bois mort a été laissé tel quel. Il a seulement été nettoyé. Le travailler avec des outils l'aurait rendu artificiel.

En détail
En haut et au milieu : les branches ont été travaillées pour continuer à donner l'apparence d'une plante âgée.
En bas : le feuillage va se densifier avec des soins appropriés, mais il a tendance à s'aplatir ou piquer vers le bas.

Genévrier Sabine

Juniperus sabina

Ce genévrier est un autre exemple de cette famille tant appréciée. Il est commun dans de nombreuses régions d'Europe. On le prélève souvent dans la nature. C'est le cas de ce sujet qui a commencé sa vie dans des conditions difficiles et a pris une apparence vénérable et spectaculaire.

Points clés

- **L'entretien du feuillage** est essentiel : assurez-vous qu'il se dirige vers le haut, pour un maximum de vigueur et supprimez les branches qui ont fleuri pour stimuler de nouvelles pousses.
- **Le bois mort est tendre :** nettoyez le bois abîmé et utilisez un produit durcissant sur les parties en contact avec la terre.

55 cm de haut

Remerciements à Peter Chan

Tamaris

Tamarix chinensis

Le tamaris est superbe avec son feuillage gracieux et plumeux, et ses fleurs roses, légères, qui se balancent au vent. Un style pleureur lui convient, mais cela demande un peu de travail car il a naturellement tendance à pousser verticalement. Bien qu'il ait l'air gracile, le tamaris est un arbre de bord de mer, il résiste au sel et au vent ; il s'épanouit même dans un endroit venté. Profitez de ses branches qui frissonnent à la plus légère brise.

Points clés

- **Pour contrebalancer** le port naturellement vertical du tamaris, ligaturez les nouvelles pousses vers le bas, avant qu'elles ne deviennent trop dures pour être courbées.
- **Les** ***yamadori*** (sujets prélevés dans la nature) sont relativement rares, mais offrent d'incroyables éléments de bois mort.

85 cm de haut

Sculpté et mis en forme par Hotsumi Terakawa

En détail

En haut : au printemps, les fleurs plumeuses renforcent la légèreté de la plante.
Au milieu : les branches minces, pendantes sont couvertes de feuilles écailleuses.
En bas : le tronc a été sculpté et offre des tons spectaculaires.

Créer son bonsaï

Voici toutes les techniques nécessaires pour réaliser vos bonsaïs, qu'il s'agisse d'un *keshiki* (paysage) instantané, de cascades ou de spectaculaires arrangements sur roche.

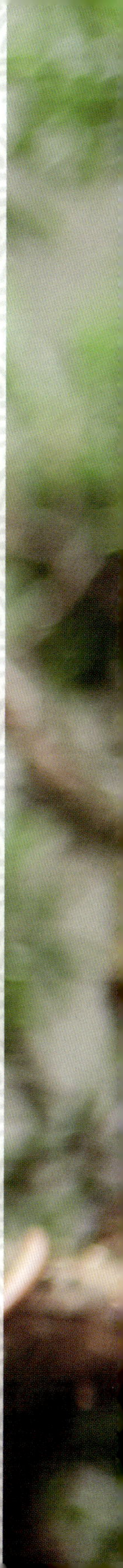

Entretenir son premier bonsaï

Un zelkova est souvent le premier bonsaï que l'on achète. N'hésitez pas à le tailler sévèrement ou à supprimer des branches ; vous ne pouvez qu'améliorer l'arbre.

L'arbre fini, mis en forme et rempoté.

La forme secrète

Pour s'attaquer à son premier bonsaï, il faut avoir bien en tête le but recherché. Ici, l'idée est de créer une silhouette en balai plus arrondie et grossièrement triangulaire.

Évaluez votre arbre

Laissé un seul mois sans entretien, votre arbre développe des pousses déséquilibrées ; les parties les plus vigoureuses prennent encore plus de force, les parties faibles dépérissent. Il est impératif de remédier à cela aussi vite que possible. C'est d'ailleurs l'occasion d'améliorer la structure de l'arbre.

Créer une structure forte

1 **Supprimez les branches mortes.** Les brindilles mortes se cassent facilement à ras, en passant seulement les doigts sur la branche.

2 **Utilisez un sécateur** pour supprimer les branches plus importantes. Les branches sèchent quand l'équilibre eau-lumière-engrais est rompu. Éclaircir les zones denses redonnera de la vigueur à votre arbre, car cela permet à la lumière de mieux pénétrer. Les branches faibles peuvent aussi mourir si les rameaux les plus forts deviennent dominants. Veillez à ce que cela ne se produise pas.

3 **Ôtez les branches inesthétiques.** Cela comprend les bourgeons qui poussent vers le centre de l'arbre, ceux qui poussent verticalement ou ceux qui se développent de manière trop droite et rigide. Regardez aussi les endroits où deux branches émergent d'une même jonction (nœud) et simplifiez les structures complexes.

4 **Une fois débarrassé des branches inutiles,** votre arbre sera déjà plus beau et sa structure bien plus claire. Quand vous taillez un bonsaï, commencez toujours par bâtir une structure forte, avant de vous attaquer aux pousses malingres. En effet, si vous supprimez accidentellement une bonne branche, les jeunes pousses souples peuvent être repositionnées avec des ligatures et venir combler les vides inutiles.

Tailler pour mettre en forme : la méthode *clip'n'grow*

5 **Taillez pour mettre en forme.** Rabattez les branches qui dépassent de la silhouette. Assurez-vous qu'elles portent des feuilles ou des bourgeons visibles, avant de tailler juste au-dessus de la première feuille. Cela encourage les nouvelles pousses (*voir p. 127*).

La méthode *clip'n'grow* (laisser croître et tailler) est idéale avec les zelkovas. Une fois taillée, la branche va pousser dans la direction donnée par le bourgeon terminal.

6 **Taillez au-dessus d'un bourgeon** qui partira dans la direction voulue et remplira l'espace ; vous pouvez aussi prévoir un changement de direction. Laissez un peu d'espace entre chaque changement de direction, généralement pas plus de deux feuilles.

7 **Passez du mastic cicatrisant** sur toutes les plaies de taille (*voir pp. 108-109*). Si c'est le bon moment, pensez à rempoter (*voir pp. 129-133*). Améliorer le style et la qualité du pot est quelque chose d'amusant... trouvez un pot plus adapté !

« L'arbre terminé a une structure ouverte, gracieuse, sur laquelle les nouvelles pousses peuvent s'installer. »

L'arbre rempoté a une silhouette mieux définie. La couleur subtile du pot rectangulaire et ses bords arrondis donnent une impression de grâce et de féminité à la composition – ce qui est idéal pour les arbres caducs. Le positionnement de l'arbre et le léger changement d'angle ajoutent un espace négatif (*voir p. 219*) sur la droite, ce qui donne un rendu plus artistique et plus dynamique.

Former un arbre caduc

Quand vous formez un bonsaï, tenez compte de l'espèce et de son port naturel. Avec quelques concepts et techniques de base, vous créerez à chaque fois un arbre unique.

Choisir des arbres adaptés

Prenez un arbre dont le tronc a une belle ligne et qui s'effile joliment vers le haut avec peu de cicatrices visibles. Les branches doivent avoir un mouvement initial vertical et leur épaisseur, leur longueur, leur angle et leur position doivent être bien équilibrés. Vérifiez le *nebari* (*voir p. 218*) sous la surface du sol.

- **Parmi les meilleures espèces,** on trouve des érables, des charmes, des stewartias (ci-contre), des ormes et des hêtres.
- **Prenez en compte** les feuilles et leur impact sur le rendu final. Vous pourrez réduire la taille des feuilles sur certaines espèces.

L'arbre mis en forme trois mois plus tard.

Planifier le travail

1 **Examinez l'arbre** sous tous les angles pour choisir la face avant. La plupart des arbres caducs ont trois points presque impossibles à corriger : le *nebari* (*voir p. 218*) la forme ou le mouvement de la base du tronc, et la position des branches. La meilleure face avant et le meilleur dessin de la structure sont ceux qui équilibrent ces trois facteurs.

Les branches qui partent d'un même point, ou qui sont très proches les unes des autres peuvent être taillées pour laisser place à celle qui est la mieux placée et aux pousses les plus intéressantes. Essayez de masquer les branches à tour de rôle pour voir à quoi ressemblerait l'arbre sans certaines branches.

Marquez la face avant de l'arbre quand vous avez trouvé la plus belle ligne de tronc et décidé quelles branches devaient être supprimées.

1

Faire des coupes et passer du cicatrisant

Utilisez une scie à dents fines pour ôter les branches plus épaisses qu'un crayon. Supprimer de grosses branches peut provoquer un dépérissement. Pour l'éviter, laissez une branche directement sous la coupe.

Faites des coupes aussi petites que possible et assurez-vous que la cicatrisation est jolie à voir. En faisant une coupe légèrement plus grande près du tronc, la cicatrice deviendra presque invisible.

Lissez les bords de la plaie de taille avec un couteau bien aiguisé et désinfecté et assurez-vous que la coupe arrive au niveau du tronc. Cela accélère le processus de formation du cal et rend la cicatrice moins visible.

Améliorer la forme

Taillez les branches qui restent. Le but est de changer la direction des branches. Encouragez les pousses verticales et celles qui partent vers l'extérieur, et créez une silhouette effilée.

Pour encourager une ramification compacte et introduire des changements de direction des branches qui aient l'air naturel, raccourcissez les branches qui poussent de manière trop rectiligne.

Quand la plaie de taille arrête de produire de la sève, appliquez une mince couche de mastic cicatrisant, contenant des produits antifongiques et antibactériens.

Laissez sécher le mastic cicatrisant. Ce dernier va rester sur l'arbre plusieurs années jusqu'à ce que le cal se forme naturellement en dessous. Évitez d'ôter le mastic pour voir ce qui se passe en dessous.

Pour les grosses plaies de taille, spécialement sur des espèces comme les stewartia, longues à cicatriser, vous appliquerez une feuille d'aluminium autocollante sur la plaie de taille pour favoriser une cicatrisation rapide.

La forme effilée peut souvent être améliorée en taillant le tronc pour créer un nouveau leader. Dans ce cas, la nouvelle pousse dominante va continuer à pousser sur la gauche.

Une fois la taille achevée, le nouvel apex sera plus défini et la structure générale de l'arbre bien plus claire. Après le travail de ligature, l'arbre peut être taillé un peu plus pour parfaire sa forme.

Ligaturer un tronc

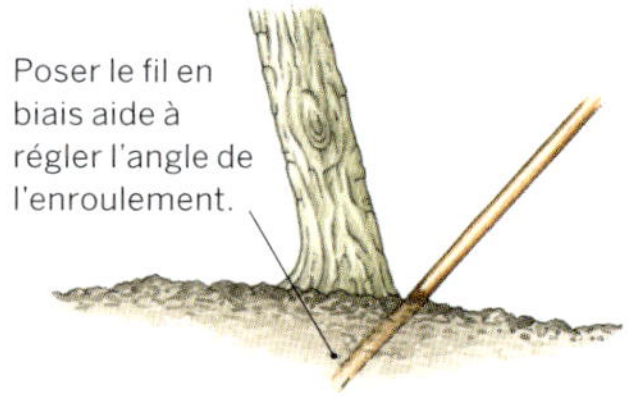

1 **Utilisez un fil suffisamment fort.** Poussez une extrémité dans le sol, aussi près que possible du tronc, sans abîmer le *nebari* (*voir p. 218*) ou les racines.

2 **Enroulez le fil autour du tronc,** en commençant à la base. Il doit être en contact avec le tronc. Ne laissez pas d'espace, ni de sections droites.

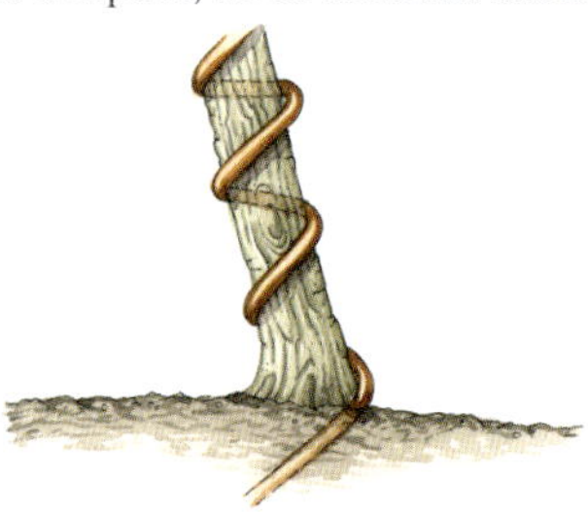

3 **Continuez à enrouler le fil** sur le tronc. Veillez à ce que les spires soient régulièrement espacées et constamment orientées à 45-55°.

4 **Pour plus de force,** si vous voulez une forte courbure, ajoutez un second fil. Sur les conifères, placez les fils côte à côte.

La ligature

La ligature est à l'amateur de bonsaïs ce que le pinceau est à l'artiste. Elle permet d'orienter le tronc, les branches et le feuillage à volonté. Le fil métallique doit être sûr, efficace et peu voyant ; quand vous courbez une branche, il doit la maintenir dans cette nouvelle position le temps qu'elle se stabilise.

Au départ

Pensez toujours à la direction dans laquelle la branche va aller et où la courbure va se trouver. Le fil doit partir de l'extérieur de la courbe, pour éviter qu'elle ne casse. Ici, la branche doit être courbée vers le bas, dès sa base.

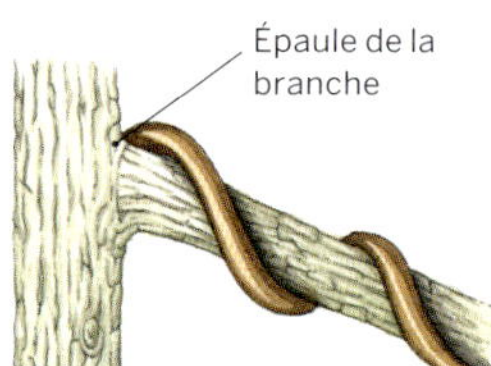

CORRECT

Travaillez du centre vers l'extérieur et commencez sur l'épaule de la branche. Veillez à ce que le fil touche bien le tronc, sans espace. Quand la branche essaie de revenir à sa position initiale, après avoir été courbée, le fil la maintiendra en place.

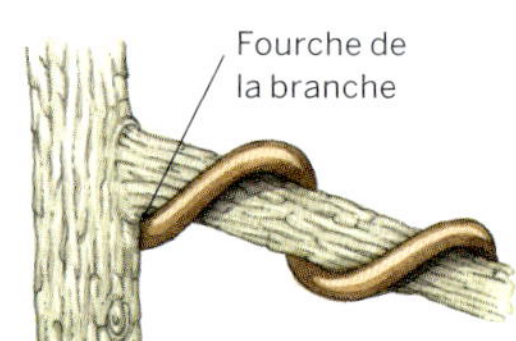

INCORRECT

Si, lorsque l'on veut courber la branche vers le bas, le fil part de la fourche, il va agir comme un pivot et la branche peut casser : rien n'empêche la partie supérieure de se détacher du tronc.

RELIER DEUX BRANCHES

Ligaturez deux branches avec le même morceau de fil – ici, elles sont séparées par une section de tronc, qui agit aussi comme un point d'attache. Ces deux branches peuvent être abaissées, car sur chacune, les fils passent par-dessus l'épaule.

Quel type de fil choisir ?

Il existe deux types de fil : ceux en cuivre recuit et ceux en aluminium anodisé (*voir p. 39*). La différence entre les deux est leur force : un fil de cuivre de 2 mm de diamètre offre sensiblement la même puissance qu'un fil d'aluminium de 4 mm. En règle générale, utilisez du cuivre pour les conifères : les fils peuvent rester en place jusqu'à 3 ans, selon la vigueur de l'arbre. Ligaturez les arbres caducs, plus fragiles, et les azalées avec de l'aluminium, car leur écorce s'abîme plus facilement et généralement, il faut ôter les fils au bout de quelques mois.

Ligaturer une branche

Si une branche entière doit être ligaturée, ligaturez les branches secondaires par paires, en les ancrant au milieu. Utilisez un fil plus épais pour la branche principale. Ancrez les fils pour plus de stabilité, sinon, lorsque l'on courbe une branche, l'autre branche peut retourner à sa position initiale.

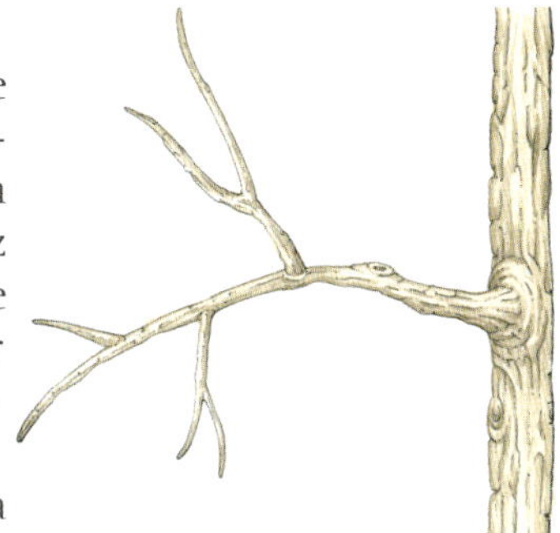

BRANCHE ORIGINALE

1 **Ligaturez la branche primaire.** Avec un fil épais – relié soit au tronc soit à une branche épaisse proche –, enroulez le fil le long de la branche. Avec de la pratique et de l'expérience, vous serez capable de former des paires de branches secondaires bonnes à ligaturer ensemble et saurez positionner le fil principal en conséquence, pour que les fils secondaires se posent facilement.

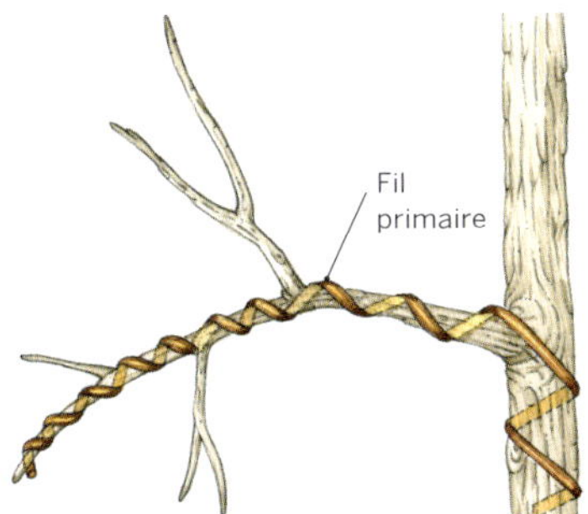

LIGATURE PRIMAIRE

2 **Ligaturez les branches secondaires** de même diamètre avec un fil de moyenne épaisseur. Le second fil doit courir le long du fil primaire, pendant un tour complet, puis s'enrouler naturellement sur la branche secondaire. Idéalement, les deux fils ne doivent jamais se croiser.

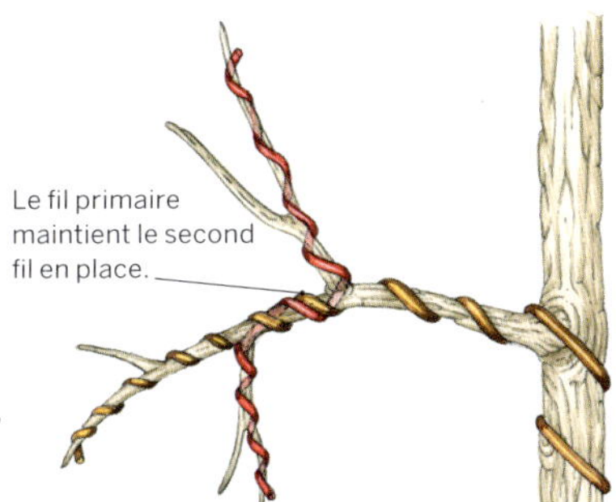

LIGATURE SECONDAIRE

3 **Ligaturez les branches tertiaires** et les branches secondaires plus petites jusqu'aux extrémités, avec un fil fin. Dans chaque cas, le fil relie deux branches avec un point d'ancrage sur un fil plus gros, entre les deux. Il vaut mieux ne pas avoir plus de deux fils côte à côte, mais c'est parfois inévitable. Chaque branche peut alors être orientée indépendamment.

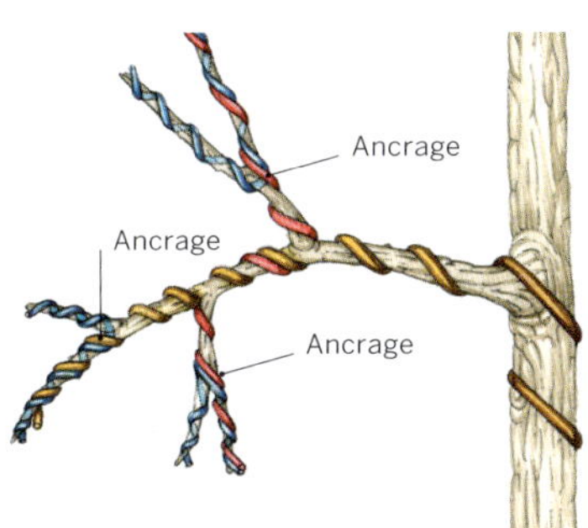

LIGATURE TERTIAIRE

Techniques poussées de ligature

Pour des manipulations importantes, on peut être amené à utiliser des fils multiples. L'idéal est de conduire les fils en tandem, mais sur les arbres fragiles, laissez-les séparés pour augmenter la surface qui empêche l'arbre de se casser.

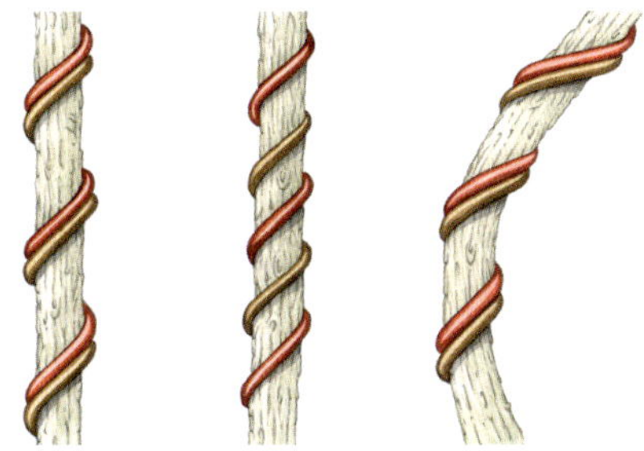

MÉTHODE IDÉALE — MÉTHODE POUR ARBRES CASSANTS — APRÈS MANIPULATION

Ligaturer l'arbre entier

Le schéma montre comment ligaturer le tronc et les branches primaires d'un arbre entier, pour sa première mise en forme. L'un des fils du tronc s'arrête à mi-chemin si un seul fil suffit à courber le tronc. Aucun fil ne se croise : ils sont tous parallèles au premier fil.

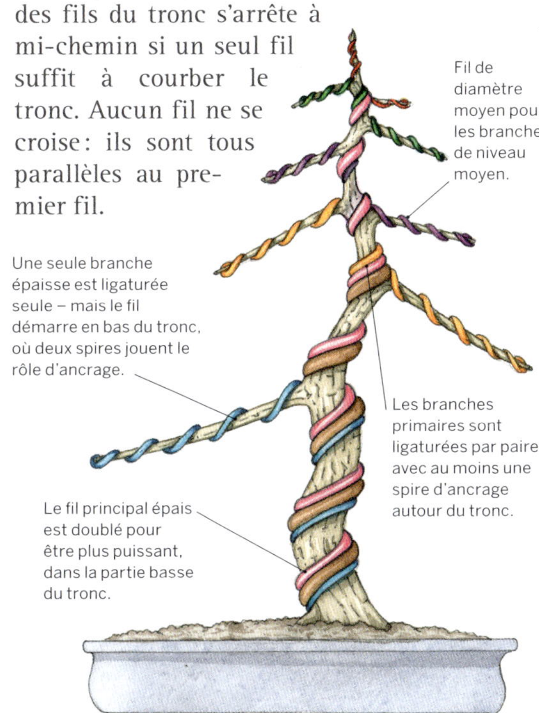

Ligaturer pour former

12 **Ligaturez les branches** qui ont besoin d'être déplacées en commençant par les plus épaisses. Ligaturez les branches par paire avec une seule longueur de fil. Commencez à la base de la branche la plus basse. Enroulez le fil autour de l'arbre en vous assurant que les deux extrémités sont suffisamment longues pour ligaturer les deux branches et tenez-le fermement contre le tronc avec une main.

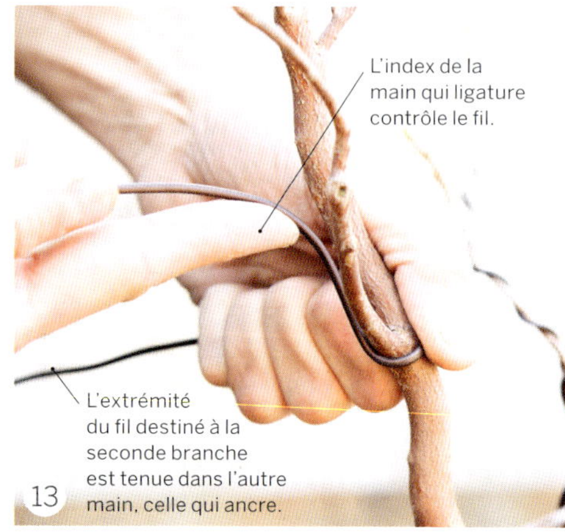

13 **Pressez avec l'index** pour guider le fil est le faire tourner autour de la branche la plus basse. Le fil doit arriver jusqu'au bout de la branche : il ne doit pas y avoir d'espace entre le fil et le tronc, mais le fil ne doit pas non plus être trop serré.

14 **Maintenez le fil en place** en faisant une rotation complète autour des premières branches. La main qui ancre reste à sa place, la main qui ligature va jusqu'à l'extrémité du fil et l'enroule autour de la seconde branche.

15 **Travaillez chaque branche** séparément. La main qui ligature entoure chaque pousse, tandis que la main qui ancre supporte les branches derrière le fil.

16 **Mettez l'arbre en forme.** Les arbres caducs sont fragiles, faites des petits mouvements et évitez de courber le bois de manière exagérée.

Mettre en forme un jeune genévrier

Souples et faciles d'entretien, les genévriers sont un choix fréquent pour faire des bonsaïs, car on peut rapidement les transformer en arbres intéressants. Et comme ils survivent dans des conditions difficiles, on peut en faire des sujets aux formes dynamiques.

L'arbre fini.

Choisir les arbres qui conviennent

Il existe de nombreuses espèces de genévriers qui conviennent à la culture en bonsaï, mais beaucoup d'espèces destinées aux jardins ne peuvent se cultiver de cette manière. Pour des résultats optimaux, choisissez une espèce ou variété au feuillage compact, comme le genévrier de Chine (*Juniperus chinensis*), en photo ci-contre. On peut facilement courber les branches et le tronc à l'extrême quand il est jeune – et utiliser des techniques plus avancées quand il est plus âgé –, et changer sa structure.

- **Les branches** avec de longues extensions et beaucoup de feuillage sont le signe d'une croissance vigoureuse.
- **Le feuillage** doit être vert foncé avec des extrémités vert clair. Les genévriers peuvent être attaqués par les acariens ou la rouille, vérifiez donc le feuillage interne et les extrémités des branches.
- **Le tronc:** choisissez en priorité les sujets dont le tronc montre un mouvement intéressant et qui sont éventuellement porteurs de beau bois mort.

Créer la structure principale

1 **Dégagez la base.** Ici, on supprime les petites pousses du bas sur les deux troncs. Ligaturez le tronc et les branches principales avec du fil de cuivre suffisamment épais.

2 **Réorientez le tronc.** Il peut se courber assez fortement (ici, vers le bas et en arrière, puis vers le haut et en avant).

3 **Créez la forme.** Sur cet arbre, la branche de droite est très fortement orientée vers le bas, dès sa base. Si la base d'une branche se fend ou se casse, soignez la plaie avec du mastic cicatrisant.

4 **Affinez le mouvement.** Courbez les branches à droite et à gauche, en haut et en bas, pour créer du mouvement dans les plans vertical et horizontal. Le but est de compacter les branches et de créer de beaux coussins de feuillage sur les branches secondaires.

5 **Finissez la structure.** Ici, on veut obtenir un tronc double battu par les vents. L'espace entre les deux troncs est important, autant que le mouvement marqué vers la droite.

6 **Les genévriers sont très souples** et quand ils sont correctement ligaturés avec du fil de cuivre épais, faire de spectaculaires courbures comme ici n'est pas problématique.

Affiner les coussins de feuillage

7 **Ligaturez les branches secondaires** une fois que la structure principale est faite. Ne taillez pas encore les branches tertiaires, car l'orientation finale n'est pas encore déterminée.

8 **Manipulez les branches.** Mettez en forme chaque pousse secondaire, à gauche et à droite, en haut et en bas. Ne créez pas un effet artificiel « en tire-bouchon » : la courbe idéale permet à la pousse terminale de s'épanouir naturellement vers l'extérieur de la courbe ou au bout de la branche.

9 **Taillez les pousses secondaires** qui partent de l'intérieur de la courbe, ou celles qui poussent vers le bas. Mais si une branche est nue, laissez quelques-uns des bourgeons les mieux placés.

10 **Laissez intactes** les pousses qui restent. Elles seront taillées ultérieurement. Pour l'instant, l'arbre en a besoin pour croître et récupérer.

Par la suite

• Les petites pousses vont croître sans qu'on ait besoin de les ligaturer.

• Le feuillage peut être taillé, nettoyé et mis grossièrement en forme. Seules de petites ligatures seront nécessaires.

• Au début, on fait un travail « grossier ». Une fois que les branches principales sont installées, on peut travailler plus finement.

« L'arbre fini a des espaces négatifs emprunts de calme et un rythme plein de grâce. »

Entretenir un genévrier

Ôtez les fruits qui captent l'énergie aux dépens du feuillage.

Les genévriers prennent de la vigueur grâce à leur feuillage. S'il est trop réduit, des aiguilles indésirables vont pousser. Ne supprimez jamais plus de 40 % du feuillage en une seule fois. Le feuillage qui reste doit présenter des extrémités vert clair.

Augmentez le nombre de bourgeons adventices en ne taillant les pousses terminales que s'il existe plusieurs bourgeons sur la branche.

Nettoyez le feuillage interne, qui ne présente pas de pousses actives, souvent à cause d'une floraison passée. Le supprimer et tailler les extrémités va stimuler la croissance de pousses adventices.

Mettre en forme un érable érigé

Les arbres caducs mettent des années à se développer : une taille sévère après une année de croissance induit un grossissement du tronc à la base et des changements naturels de direction des branches. La mise en forme peut être impressionnante. Cet exemple montre comment le travail initial s'organise.

L'arbre en forme.

Jugez votre arbre

Regardez les lignes qui sont intéressantes : elles peuvent être déjà présentes ou bien vous pouvez les créer en ôtant ce qui est indésirable. Cet érable 'Deshojo' possède deux fortes lignes partant d'un point central qui créent comme un effet de tronc double – un élément classique sur les arbres caducs –, même si ce point est à mi-hauteur.

Les racines d'un sujet cultivé en pleine terre, comme cet érable doivent être taillées une année sur deux (comme cet arbre l'a été), pour développer des racines compactes. Les branches aussi doivent être taillées à intervalles réguliers. Cet arbre a poussé sans contraintes en pot durant environ dix-huit mois, le temps qu'il fasse ses racines et que ses branches s'épaississent.

Créer le cadre de départ

1 **Réduisez l'apex** (*voir p. 218*) our supprimer le côté droit et raide de la partie supérieure et surtout pour que cette dernière commence à s'effiler. Taillez au-dessus d'un nœud d'où partent plusieurs belles branches bien orientées. Utilisez une scie pour une coupe propre et précise.

2 **Choisissez une nouvelle face avant.** Ici, le nouvel angle est basé sur la meilleure relation possible entre le tronc primaire et la très forte branche principale. Le *nebari* (*voir p. 218*) n'entre pas en ligne de compte ici, car il pousse de manière très régulière tout autour de la base. Supprimez les branches basses et souples sur le tronc et recoupez les longues branches au-dessus d'une pousse secondaire convenable.

3 **Éclaircissez les multiples branches,** en supprimant les pousses faibles et celles qui se développent dans la mauvaise direction, jusqu'à ne garder que deux branches à chaque nœud (*voir aussi p. 120*). Taillez toujours juste au-dessus d'une forte branche ou d'un bourgeon sur un nœud.

4 **Défoliez les branches** après la taille. Cet arbre a été taillé en automne au moment de la chute des feuilles – le meilleur moment pour les arbres caducs. Le feuillage a donc été ôté après que la plus grande partie des réserves a été transportée dans le bois de l'arbre.

Éclaircir les nœuds encombrés

Jugez de l'état des nœuds congestionnés. Les jeunes arbres ou ceux qui sont très vigoureux (comme les érables) répondent à la taille en développant une masse de jeunes pousses juste sous la coupe. Souvent, de multiples bourgeons se réveillent sur un seul nœud ; si on les laisse se développer, on peut avoir un phénomène « d'effilement inversé », dans lequel la petite section de la branche qui porte toutes ces pousses secondaires devient plus épaisse que la branche qui la porte.

6 **Choisissez les pousses à garder.** Ici, un examen minutieux montre trois fortes branches – deux vertes, plus âgées et une rouge, plus jeune et vigoureuse –, ainsi que plusieurs pousses moins vigoureuses qui peuvent toutes être supprimées.

7 **Continuez à évaluer le nœud.** Une fois les pousses indésirables ôtées, il est plus facile de décider quelles branches garder. Ici, la troisième branche semble pousser en direction du tronc principal, elle est donc supprimée.

Vérifiez la ligne et taillez si nécessaire. Ici, une belle ligne et des paires de branches ont été créées ; les branches principales vont être défoliées, puis réduites en longueur, avant d'être ligaturées. À cette étape du travail, ne taillez pas trop court : il est plus facile de courber une longue branche qu'une courte et l'arbre peut être taillé par la suite, après avoir été travaillé.

Faire de fortes courbures sur des arbres caducs

Ligaturez les branches. Si vous envisagez un mouvement conséquent, veillez à ce que le fil soit positionné sur l'arrière de la branche.

Ligaturez une nouvelle fois la branche., Conservez le même angle, mais enroulez le second fil au centre de l'intervalle existant entre deux spires.

Courbez la branche. C'est une opération qui se fait avec les deux mains… et les dix doigts. Utilisez une main pour maintenir la base de la branche et définir le point de pivot. Avec l'autre main, appliquez une pression égale sur la branche, par de petits mouvements doux.

Surveillez le fil. Les branches très courbées vont exercer une forte tension en essayant de retourner à leur position initiale. Les risques de blessures de l'écorce sont donc réels. Retirez immédiatement les fils si vous voyez qu'ils s'enfoncent dans l'écorce.

Affiner une azalée

Les azalées des fleuristes (*Satzuki*) sont appréciées en bonsaïs. Elles fleurissant à la fin du printemps et en début d'été, portent des petites feuilles et produisent des bourgeons sur le vieux bois, Leur bois est cassant et leur port demande des techniques spéciales.

Hoshi no Kagayaki Les petites fleurs en étoile sont presque passées et il faut les supprimer.

L'arbre terminé, 6 mois plus tard.

Les particularités des azalées *Satzuki*

Réussir des bonsaïs d'azalées est un défi : ces plantes demandent en effet un sol particulier et de l'eau au pH acide. Il faut les nourrir et bien les arroser. Les conserver indemnes de parasites est parfois un challenge lors des étés chauds. Laissées libres, les azalées *Satzuki* développent plusieurs troncs et forment des buissons en touffe. Traitées en bonsaïs, elles sont travaillées de manière classique ou non, mais très différemment de leur forme naturelle. N'importe quel style est possible, du moment qu'il est cohérent et esthétique.

- **Les nouvelles pousses** doivent être éclaircies de manière significative : cela signifie passer de quatre tiges ou plus à juste deux.
- **Les branches tertiaires** demandent une taille sévère de temps en temps, pour que les extrémités des branches ne deviennent pas trop âgées et lignifiées. Les *Satzuki* forment des bourgeons sur le vieux bois, des plantes saines se remettent en général bien de la défoliation et de la taille des branches.

Supprimer les fleurs fanées

1 **Supprimez les fleurs** dès que leurs pétales commencent à faner. Des pétales fanés mouillés font souvent le lit des maladies fongiques. Ne tardez donc pas et supprimez la fleur en entier – à la fois les pétales et l'ovaire.
Si on laisse les ovules se développer, ils vont donner des graines et épuiser l'arbre.

2 **Tenez la branche fermement** avec une main, juste derrière l'extrémité, puis pincez et tournez les pétales et l'ovaire. Attention à ne pas tirer trop fort, pour ne pas abîmer la branche.

3 **Le feuillage reste** à l'extrémité de la branche, mais la fleur est totalement supprimée. Dans les deux semaines à venir, vous verrez apparaître entre deux et peut-être quatre ou cinq nouvelles pousses.

4 **Une fois les fleurs ôtées,** il est temps de commencer à penser au style que vous allez donner à votre azalée.
Ce sujet a perdu toute forme : il a développé de longues branches et sa structure manque de définition.

1

2

3

4

Créer la structure de base

Éclaircissez les troncs porteurs de multiples tiges. Cette azalée porte un vilain balai de six ou sept tiges partant d'un même point. Réduisez à deux branches.

Retirez les pousses les plus faibles avec des pinces. Éclaircissez progressivement la plante, et à chaque coupe, jugez de sa structure jusqu'à ce qu'il ne reste que deux belles branches bien positionnées.

Traitez la plaie de coupe (*voir pp. 108-109*). Il va se former un petit cal qui finira par disparaître. L'arbre éclairci a maintenant une belle division de branches et une forme en V, naturelle.

Éclaircissez les branches en surnombre. Ôtez toujours les branches qui poussent verticalement, en haut ou en bas, celles qui poussent vers l'intérieur de l'arbre et celles qui sont très vigoureuses.

Les branches horizontales peuvent aider à créer un bon squelette de base. Ici, les pousses qui restent sont minces, mais elles sont bien placées et séparées en une jolie forme en V, bien équilibrée.

Ligaturer et former l'arbre

Les azalées sont cassantes, mais peuvent être formées quand elles sont jeunes. Utilisez des fils d'aluminium et choisissez un fil relativement épais.

Ligaturez les branches les plus épaisses pour permettre une courbure plus forte. Ligaturez-les par paires, et assurez-vous que les fils sont bien ancrés.

Les branches les plus fines peuvent être ligaturées, mais sont fragiles. Pour éviter les ligatures délicates, utilisez la méthode du *clip'n'grow* (*voir p. 104*).

Ligaturez les branches secondaires et tertiaires par paires. Ici, les multiples fils enserrent chacun deux branches, autour un point d'arrimage fort (branche, fil ou tronc). Vérifiez qu'il ne reste pas d'espace entre les branches et le fil, surtout aux jonctions des branches.

Mettez les branches en forme pour donner un style à votre arbre et taillez encore si nécessaire. Ici, l'apex (*voir p. 218*) sera retaillé un peu plus tard, mais toutes les tiges sont dirigées dans la bonne direction. Bientôt, le squelette de base sera envahi de nouvelles pousses.

Réussir un bonsaï de style balai

Le tronc bien droit et la cime arrondie du style balai ne s'accordent qu'avec de petits ou moyens zelkovas ou des ormes de Chine, mais les techniques présentées ici sont aussi utiles pour créer d'autres silhouettes moins formelles.

L'arbre terminé, taillé et rempoté.

Choisir des arbres adaptés

Les espèces les plus adaptées pour cette forme très stylisée, sont les zelkovas et les ormes, mais certaines variétés d'érables s'y prêtent aussi.

- **Choisissez un arbre** aux petites feuilles, au tronc bien droit, sans signes de cicatrices et à la ramification répartie à 360°. Un *nebari* (*voir p. 218*) bien équilibré, qui pousse dans toutes les directions, est un élément recherché.
- **Il est essentiel** d'avoir un arbre à petites feuilles. Les feuilles de ce zelkova sont assez grandes, mais il est facile de réduire leur taille.
- **Une ramification régulière** est importante. Préférez un petit nombre de branches épaisses, avec de multiples branches secondaires.

Améliorer la structure des branches

1 **Défoliez l'arbre.** Cela révèle la structure des branches, mais va aussi favoriser la pousse de feuilles plus petites. Ôtez les feuilles une à une, en les pinçant au ras de la tige. Dans la plupart des climats, le zelkova peut être défolié deux ou trois fois dans l'année, une fois que les feuilles se sont endurcies. Ici, en milieu d'été, les feuilles sont dures au toucher et peuvent être supprimées. Les travaux suivants peuvent être faits en hiver ou après la défoliation en été.

2 **Examinez la structure** et repérez les endroits trop denses ou les pousses trop vigoureuses. Les nœuds d'où partent des branches multiples vont s'épaissir encore un peu plus et devenir inesthétiques. La délicatesse des branches fait toute la valeur de l'arbre.

3 **Là où il y a deux branches ou plus,** décidez de celles qui seront supprimées. Il est peut-être préférable d'ôter une branche épaisse et de conserver une branche plus fine, car cela permet d'effiler la structure et comme ici, d'introduire un subtil changement de direction. Des lignes droites sont le signe de la jeunesse, alors que des branches contournées suggèrent un âge vénérable.

4 **Utilisez une pince concave** pour supprimer les extrémités épaisses des pousses. Coupez près du tronc et faites une coupe lisse.

Tailler les branches secondaires

5

Éclaircissez les pousses denses, sur les branches primaires, secondaires et tertiaires. Essayez de former une silhouette globale arrondie, avec des branches orientées régulièrement.

Examinez l'arbre. Repérez les zones qui peuvent être améliorées par des ligatures. Idéalement, il est préférable d'utiliser aussi peu de fil que possible.

7

Ligaturez les branches avec un fil d'aluminium d'un diamètre adapté. Évitez de casser les branches délicates et ne faites pas de gestes brusques.

Ligaturez l'extrémité, mais attention à ce que le fil ne soit pas plus épais que la branche elle-même. Ici, une main tient la branche et le fil, tandis que l'autre enroule le fil autour du rameau.

9

Coupez l'extrémité du fil. Veillez à laisser un morceau suffisamment long pour empêcher la branche de sortir du fil enroulé et vous permettre de manipuler l'extrémité.

Une pause

Attendez le meilleur moment pour rempoter – généralement au printemps, juste quand les bourgeons commencent à gonfler. Si vous procédez en été, taillez les pousses de l'année pour conserver la silhouette de l'arbre.

Rempoter l'arbre

La plupart des arbres caducs droits sont plus beaux dans des pots peu profonds, qui donnent l'impression d'une culture sur un sol de plaine fertile. Rempoter vous donne l'opportunité de choisir un pot plus beau, de corriger l'angle de vue, de rafraîchir la terre et de régénérer les racines. Le besoin de rempotage dépend des espèces, du climat, du sol, de l'âge et du développement de l'arbre, mais la technique de base est la même pour toutes les espèces.

1 **Trouvez la bonne face principale.** Après la remise en forme de cet arbre, la face avant est un peu différente de ce qu'elle était avant (en haut).

Préparer le nouveau pot

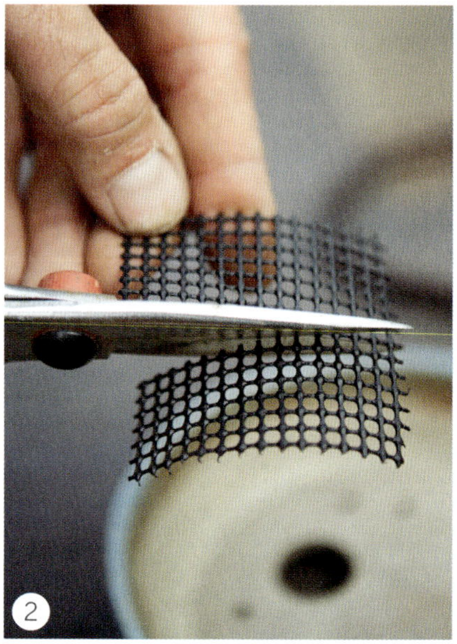

Coupez un morceau de grillage, qui va venir recouvrir complètement le trou de drainage. Cela empêchera la terre de s'échapper par le fond, lors de l'arrosage.

Coupez un morceau de grillage, qui va venir recouvrir complètement le trou de drainage. Cela empêchera la terre de s'échapper par le fond, lors de l'arrosage.

Courbez un morceau de fil métallique en U. Faites la partie plate du U d'environ la même longueur que le diamètre du trou de drainage, de façon à ce que les « jambes » du U s'appuient contre les parois du trou.

Retournez les extrémités du fil pour maintenir le grillage en place.

Passez l'agrafe à travers le grillage. Retournez les extrémités du fil en les aplatissant sous le fond du pot. Le grillage sera ainsi fermement maintenu.

Ôter la terre usée

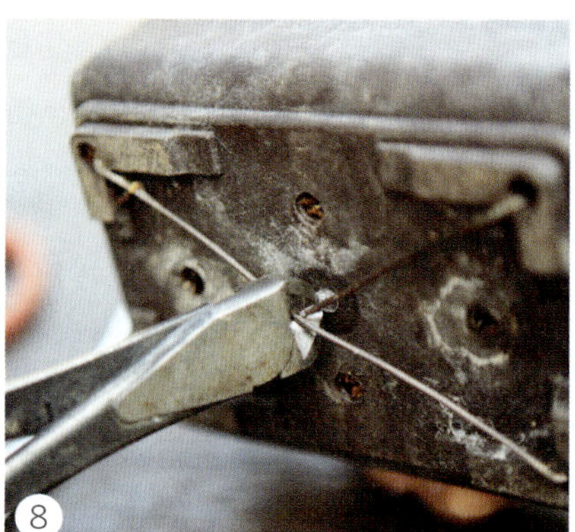

Coupez les fils qui retiennent l'arbre au pot. Utilisez toujours deux fils pour sécuriser l'arbre. Si l'arbre bouge dans son pot, le développement des racines va être ralenti.

Utilisez une scie pour couper les racines en contact avec les parois du pot. On ne cherche pas à couper de grosses racines, mais à séparer la motte du pot.

Sortez l'arbre de son pot. Il doit venir tout seul. S'il adhère encore au pot, coupez un petit peu plus. S'il s'agit d'un pin, évitez de tenir l'écorce craquelée avec les doigts.

Installez des fils d'arrimage pour sécuriser l'arbre. Utilisez des fils d'aluminium ou d'acier inoxydable, que vous façonnerez en U, pour passer dans les trous prévus à cet effet.

Préparez le substrat adapté. Tamisez le substrat pour obtenir la bonne taille de particules et ôter la poussière. Ces cinq minutes de travail supplémentaire se traduisent par une grande différence de croissance en deux ans !

Épandez au fond du pot une couche de substrat. Dans les pots profonds, on épand une couche de substrat grossier pour augmenter l'aération du terreau.

Grattez doucement le terreau avec une griffe à racines. Travaillez toujours du centre vers l'extérieur et ne cassez jamais les racines. Si vous rencontrez une résistance importante, arrêtez.

Évitez d'abîmer les racines superficielles. Le but est d'ôter la terre et de conserver autant de racines que possible.

Utilisez des baguettes en bambou pour les endroits les plus fins. Évitez les outils en métal car ils coupent les racines les plus fines. Travaillez toujours du centre vers l'extérieur.

Tailler les racines et rempoter l'arbre

Coupez court les racines épaisses. Une ramification équilibrée demande un système racinaire équilibré. Ne laissez aucune racine devenir trop épaisse.

Taillez le chevelu racinaire avec une paire de ciseaux à racines. Des ciseaux mal aiguisés ralentissent le développement racinaire.

Vérifiez que l'arbre tient dans son pot et qu'il peut prendre la bonne position. Ajoutez ou retirez du substrat, jusqu'à ce que l'arbre soit bien installé.

Couvrez les racines avec le substrat. Faites pénétrer ce dernier entre les racines, à l'aide d'une fine baguette.

Nivelez la surface en laissant un petit espace entre cette dernière et le bord du pot, pour retenir l'eau. Ne tassez pas trop le sol.

Arrosez soigneusement pour ôter toute la poussière. Continuez à arroser jusqu'à ce que l'eau en excès sorte claire.

Attachez l'arbre. Avec des pinces, poussez le fil à travers les racines et tordez-le pour le tendre. Répétez jusqu'à ce que les fils soient bien tendus.

Couvrez la surface avec une couche fine de sphaigne déchiquetée, ôtez la mousse si les racines s'y développent dans les prochains mois.

L'arbre terminé, après rempotage.

Trois mois plus tard, ce zelkova a développé de nouvelles feuilles. Taillez les nouvelles pousses mais ne défeuillez pas immédiatement après le rempotage.

Réussir un bonsaï aux troncs jumeaux

Les bonsaïs aux troncs jumeaux sont inspirés des arbres à troncs multiples que l'on trouve à l'état naturel. Ce sont souvent quand deux graines ont germé côte à côte et que les troncs ont fusionné. Utilisez cette technique simple pour créer votre propre sujet à deux ou trois troncs.

Choisir le matériel végétal

Les troncs jumeaux sont souvent décrits comme une association parents/enfants : l'arbre parent abrite l'enfant qui grandit, s'écarte puis s'éloigne.

- **Utilisez des boutures** de même arbre pour être sûr d'avoir des plantes aux caractères identiques (même type de feuilles et même calendrier de développement).
- **Vous devrez choisir** un tronc « parent », légèrement plus grand, plus épais, plus droit et plus âgé, et un tronc « enfant », qui a un peu plus de mouvement.

Le projet final.

Préparer les racines

1 **Sortez la motte du pot.** Cet arbre de deux ou trois ans est encore dans son pot de culture, rempli de racines.

2 **Ôtez doucement le terreau** avec une griffe à racines, en travaillant du tronc vers l'extérieur. Le substrat de culture de jeunes arbres est généralement meuble et tombe facilement.

3 **Lavez les racines** pour les débarrasser des derniers restes de terreau. Ne mettez pas la pression trop forte. Si vous avez besoin d'un peu de pression, utilisez un tuyau muni d'une pomme d'arrosage.

4 **Taillez la grosse racine pivotante,** pour favoriser le développement des racines plus fines qui l'entourent. Les arbres étant destinés à être plantés dans un pot peu profond, il est bon de développer très tôt un chevelu racinaire sain.

Positionner et planter les arbres

5 **Concevez votre arrangement.** Testez les diverses positions des arbres, leurs angles, pour trouver les mouvements les plus intéressants des troncs, des branches principales et des racines. Avec le temps, les racines des deux arbres doivent fusionner, pour créer un large *nebari* (*voir p. 218*), d'où partiront les deux troncs. Pour cela, il faut que les fines racines s'entrecroisent. Ne placez pas les arbres trop loin l'un de l'autre.

6 **Choisissez la meilleure composition.** Ici, l'arbre « parent » pousse droit, tandis que l'« enfant » pousse vers l'extérieur, selon un angle précis. Leurs racines vont bientôt se mêler pour former une seule motte.

7 **Positionnez l'arbre parent sur un côté du pot,** en laissant un peu d'espace pour le second arbre. Étalez les racines pour qu'elles poussent dans toutes les directions, surtout celles situées du côté opposé au second tronc.

8 **Recouvrez de substrat** et tassez un peu pour qu'il tienne en place. Veillez à laisser suffisamment de place pour le second tronc. Le substrat est composé de terreau et de tourbe, ce qui est parfait pour un entretien minime et le développement des jeunes plantes.

Plantez l'arbre « enfant » aussi près que possible du « parent », avec l'angle voulu. Recouvrez les racines de substrat et tassez un peu pour que maintenir les arbres.

Laissez les arbres pousser et former des racines. S'ils développent rapidement des pousses, taillez un peu. Mais généralement, à part la taille pour les conserver en forme et supprimer de grosses branches indésirables, mieux vaut éviter de les déranger.

Une pause

Les arbres demandent du temps pour s'établir. Laissez les vôtres se remettre pendant au moins une moitié de saison, avant de passer à l'étape suivante.

Former le tronc secondaire

Ligaturez l'arbre enfant. Enfoncez le fil profondément dans le pot, pour qu'il soit bien arrimé – des racines ont dû se développer et le terreau doit être suffisamment compact pour maintenir le fil.

12 **Avec une main, enroulez le fil** de bas en haut, le long du tronc, avec un angle de 45 ° environ. Avec l'autre main, maintenez le tronc. Veillez à ce que le fil ne soit pas trop serré autour du tronc qu'il abîmerait alors, ni trop lâche, ce qui laisserait des espaces entre le fil et l'écorce.

13 **Ligaturez une seconde fois le tronc,** de telle façon que le second fil se place exactement entre les premières spires. Cela permettra de courber le bois de manière plus forte, sans l'endommager.

Courbez l'arbre fille pour accentuer l'espace entre les deux troncs. Un mouvement léger et subtil est préférable à un changement brusque de direction. Utilisez votre pouce pour définir la position de la courbure et maintenez le tronc des deux côtés.

Finissez la mise en forme. Ici, quelques-unes des branches primaires portées par le tronc principal ont été ligaturées, pour leur donner une position plus esthétique.

Créer un bosquet d'érables

Cette réalisation est une version spectaculaire du style multi-troncs – typiquement cinq ou sept troncs, poussant sur une base racinaire collective.

Choisir le matériel végétal

Le style multi-troncs est généralement réalisé avec des espèces caduques (érables, charmes, ormes et zelkovas sont parmi les plus adaptés). Il faut que les arbres fusionnent en un seul *nebari* (*voir p. 218*), ils doivent donc avoir des traits génétiques identiques. Choisissez des jeunes plants souples, issus de boutures d'une même plante-mère

- **Prenez modèle** sur l'image type de la famille quand vous concevez votre bonsaï : un arbre père et un arbre mère avec de trois à cinq plantes « enfants », de tailles réduites.
- **Les troncs des plantes parents** doivent être droits, épais ; ceux des « enfants » peuvent montrer des mouvements plus subtils.

Au final.

Préparation

1 **Sortez les arbres** de leurs pots et ôtez le terreau avec soin. Avec de jeunes arbres, comme ces érables de deux ans, le substrat devrait s'éliminer facilement.

2 **Plongez les arbres** désormais à racines nues dans l'eau, le temps que vous acheviez la préparation. Les racines ne doivent pas sécher.

3 **Préparez le pot de culture,** posez des petits grillages sur les trous de drainage et insérez les fils d'ancrage (*voir pp. 130-131*). Pour cette technique, un seul fil suffira. Remplissez partiellement le pot avec un mélange à base de terreau qui retient bien l'eau.

4 **Préparez un morceau de plastique.** Percez une série de trous légèrement plus larges que le diamètre des arbres, en les plaçant de manière asymétrique, pour composer un bosquet intéressant.

Prenez bien en compte la hauteur finale et l'épaisseur du bosquet que vous êtes en train de créer : plus les arbres seront grands, plus ils devront être éloignés les uns des autres. L'exemple ci-contre est un bosquet de taille moyenne (*chuhin*), avec des troncs relativement minces.

Planter l'ensemble

5 **Passez les arbres à travers les trous :** guidez les branches sans endommager les bourgeons. Placez les arbres les plus droits au milieu et ceux qui ont un mouvement à l'extérieur.

6 **Poussez le plastique** à la base des troncs, aussi loin que possible. Il doit s'appuyer sur les collets, juste au-dessus des racines. Tournez les troncs qui présentent un mouvement pour trouver les meilleures orientations et posez l'ensemble à la surface du sol.

7 **Faites les derniers ajustements** pour positionner et orienter les troncs. Passez un fil métallique en travers du plastique, puis tordez les extrémités ensemble, d'un côté, pour que le plastique tienne bien en place.

8 **Couvrez le plastique** avec une couche de substrat d'au moins 1 cm d'épaisseur. Cela favorise le développement racinaire et compense la barrière de plastique imperméable à l'eau.

Pourquoi autant de terreau ?
Avec le temps, votre arbre va s'épaissir et les trous dans le plastique vont devenir trop petits. Le plastique empêchant les éléments nutritifs des racines de remonter, l'arbre développe de nouvelles racines au-dessus de la barrière, ce qui forme un nouveau système racinaire. Les vielles racines seront alors coupées puis le plastique ôté.

5

6

7

8

9 **En vous aidant d'une baguette,** faites pénétrer le terreau entre les racines et sous la barrière de plastique, mais veillez à ne déplacer ni le plastique, ni les troncs.

10 **Arrosez soigneusement.** Si nécessaire, penchez le pot pour vous assurer que l'eau atteint bien les racines sous le plastique – gardez cela en tête tout au long de l'année quand vous arroserez.

11 **Émiettez de la mousse** de sphaigne et épandez-en une épaisse couche à la surface du sol, pour retenir l'humidité et encourager les racines à se développer au-dessus du plastique.

12 **Avec le fil,** faites quelques crochets et utilisez-les pour ajuster la position finale des branches, rapprocher les troncs ou les écarter. N'essayez pas de ligaturer les troncs à cette étape du projet.

13 **Installez le pot** dans un endroit abrité, arrosez-le régulièrement et laissez les arbres faire des racines. La position des troncs et leur mouvement étant fixés au début du développement du bonsaï, faites les ajustements la première année de culture, en les ligaturant une fois qu'ils ont développé des racines.

Une pause

Laissez les plantes s'établir avant de leur donner du mouvement. Mais faites cela la première année. Après deux ou trois ans, les racines seront prêtes à être travaillées.

Créer une forêt

On crée des forêts en plantant plusieurs sujets ensemble dans le même pot. Traditionnellement, on utilise un nombre impair de plantes et des arbres de la même espèce, mais il existe des exemples japonais composés d'espèces différentes.

Le projet final.

Choisir le matériel végétal

On peut cultiver en style forêt de nombreuses espèces caduques ou persistantes. Parmi les choix les plus courants, citons les érables, les stewartias, les charmes, les cyprès du Japon, les pins, les cèdres et les mélèzes, des espèces qui poussent naturellement en forêt. Choisissez des plants aux troncs droits, de tailles variées et dont les racines ont été taillées jeunes en vue d'une culture en bonsaïs. Il n'y a pas de limite dans le nombre d'arbres que l'on peut utiliser, mais des forêts de plus de trente individus paraissent toujours bien trop denses.

- **Imaginez que la forêt** ait poussé naturellement à partir de semis. Commencez avec un arbre principal, puis ajoutez quelques plantes un peu plus petites et plus minces, puis doublez le nombre de « rejets » encore plus petits et plus fins.
- **Choisissez une espèce** aux petites feuilles et à la ramification compacte, plutôt qu'une espèce aux grandes feuilles et à la croissance importante.

Préparer la plantation

1 **Préparez les arbres.** Sortez-les de leurs pots, ôtez le terreau et taillez les fortes racines (*voir p. 135*). Plongez les plantes à racines nues dans l'eau (*voir p. 141*). Une fois que tous les arbres sont prêts, disposez-les par taille et épaisseur croissantes.

2 **Imaginez la structure de base.** Les arbres principaux seront attachés à un cadre de baguettes de bambou. Prévoyez leurs positions.

3 **Construisez le cadre.** Installez les baguettes : elles doivent se croiser au-dessus des trous de drainage.

4 **Positionnez le cadre.** Assurez-vous que vous pouvez le fixer en passant des fils dans le grillage au-dessus des trous de drainage. Le cadre central maintiendra les arbres principaux et tiendra le tout en place.

5 **Fixez bien le cadre,** en enroulant le fil aux extrémités, aux intersections. Maintenez-le au fond du pot, en utilisant les trous destinés à arrimer les ligatures. Le cadre de baguettes ne doit pas bouger, mais il faut que le fil puisse passer sous les baguettes.

6 **Épandez** une fine couche de substrat dans tout le pot. Utilisez un mélange adapté aux espèces choisies (ici du mélèze).

Créer le groupe

Positionnez l'arbre le plus grand. Placez-le sur un côté et légèrement vers l'arrière du pot. Étalez les racines sur les baguettes, en passant les plus épaisses sous le cadre, si c'est possible.

Attachez l'arbre en place. Passez du fil sous les baguettes et autour du tronc pour le fixer. Il peut bouger tant qu'on n'a pas versé le substrat, faites attention à ne pas le laisser se coucher.

Prenez ensuite l'arbre le plus gros et répétez l'opération. Pour un effet naturel, arrangez les arbres de telle façon qu'il y ait plus d'espace négatif (*voir p. 219*) à l'avant et sur un côté du pot.

Reculez et observez l'arrangement sous tous les côtés ; vérifiez les positions et les angles des troncs. Faites les ajustements nécessaires. Ce sera difficile à faire quand les racines auront poussé...

Utilisez du keto (*voir p. 150, étape 9*) si vous avez besoin de changer la position des troncs. Entassez de la terre à la base des arbres, pour orienter leurs troncs dans la direction voulue.

Taillez les branches près de la base de chaque tronc pour reproduire les troncs relativement dénudés du bas que l'on trouve en forêt. Veillez à ne pas perturber la disposition des troncs.

Versez le substrat et tassez-le légèrement sur les racines des arbres. Une fois arrosé, le sol va participer au maintien de l'arbre en place, jusqu'au développement suffisant des racines.

Éclaircissez les branches un peu plus haut sur le tronc, surtout celles du centre ; laissez une branche sur quatre ou cinq à l'intérieur, pour reproduire ce qui se passe en forêt.

Couvrez les racines avec de la mousse de sphaigne déchiquetée. Une forêt récemment plantée est extrêmement fragile. Installez-la dans un endroit abrité et laissez le pot tranquille aussi longtemps que vous pourrez pour permettre aux racines de s'entremêler. Taillez les pousses trop vigoureuses et supprimez les racines de surface trop fortes.

Créer une plantation sur rocher

Pour créer des paysages miniatures plausibles, vous devez juste comprendre les besoins des plantes sur le long terme, utiliser un type de sol argileux spécial… et connaître quelques astuces.

Choisir le matériel

La plupart des conifères et des espèces caduques conviennent pour ce style. C'est plutôt le caractère des pierres qui est important. Les rochers à l'aspect sauvage, déchiquetés font de spectaculaires cascades ou conviennent au style battu par les vents. Ceux qui sont plutôt plats conviennent aux forêts et au style érigé informel.

- **Gardez en tête** que le rocher ne va pas changer de taille avec le temps, alors que l'arbre, si.
- **Le rocher ne doit pas** avoir une personnalité trop forte, pour ne pas attirer toute l'attention sur lui.

L'arrangement final.

Préparer le rocher

1 **Décidez de l'orientation du rocher** et de la position des arbres. Ici, une cavité existante va accueillir les arbres.

2 **Attachez des fils au rocher,** pour tenir les plantes en place. Coupez une bonne longueur de fil de cuivre, pliez-la en deux pour faire un U étroit et poussez le fil dans une fissure. Positionnez les extrémités verticalement puis mettez un petit peu de poudre de ciment prêt à l'emploi autour de la base, en la poussant dans les espaces vides.

3 **Versez de la colle instantanée** sur la poudre de ciment. Cela doit durcir en cinq secondes. Puis ajoutez un peu de ciment par-dessus et répétez l'opération jusqu'à ce que le fil soit fermement attaché au rocher.

4 **Faites de même** pour attacher au moins deux fils de plus. Mieux vaut couper des fils plus longs que trop courts. Laissez le rocher sécher pendant dix minutes.

Former les arbres et préparer le sol

5 **Mieux vaut former les arbres** avant qu'ils soient sur le rocher, pour éviter de les bouger une fois en place.

6 **Éclaircissez les endroits** où plus de trois branches partent d'un même point. En général, on évite de laisser plus de deux branches partant d'un même nœud, sauf pour les arbres de petite taille.

7 **Ligaturez si nécessaire.** Évitez de trop travailler les arbres avant la plantation : s'ils demandent beaucoup de travail, repoussez la plantation à une date ultérieure.

8 **Les arbres auxquels on veut donner un style** peuvent être affinés plus tard, mais le gros du travail doit être fait avant la plantation.

9 **Préparez le mélange argileux.** Hachez de la mousse de sphaigne et mélangez-la à du keto, importé du Japon. Le keto est une tourbe argileuse, riche et lourde, extraite des rizières, qui durcit quand elle sèche. Il est idéal ici, mais on peut trouver des substrats locaux de substitution.

10 **Faites une boule compacte** avec ce mélange. Veillez à ce qu'elle ne se désagrège pas ; si nécessaire, ajoutez un peu d'eau pour la rendre plus souple. Les boules de keto et de mousse se conservent bien, et peuvent être utilisées ultérieurement.

Créer la scène

11 **Préparez le premier arbre.** Ôtez un peu du vieux terreau (mais pas la totalité) et décompactez les racines (*voir p. 131*)

12 **Taillez les grosses racines** (*voir p. 132*). Conservez autant de chevelu racinaire que vous pouvez, mais vérifiez que l'arbre tient bien dans le creux du rocher et coupez s'il le faut des racines, pour qu'il soit bien positionné sur une couche de substrat.

13 **Faites un « pot » en keto.** Façonnez un mur de keto autour du bord du rocher, en commençant juste sous le rebord de la zone de plantation. Pressez fort contre la surface du rocher et mettez en forme. Le keto doit rester facilement en place. Une fois le mur fait, versez une couche de fines particules de substrat dans la zone de plantation.

14 **Positionnez l'arbre.** Orientez les racines pour repositionner l'arbre et trouver la meilleure orientation.

Finir la composition

15 **Sécurisez l'arbre,** en pliant des fils sur les racines et en tordant les extrémités. Attention à ne pas serrer trop fort pour ne pas casser le ciment. Laissez de longs morceaux de fil (vous en aurez peut-être besoin pour fixer l'arbre suivant).

16 **Mettez en place** le deuxième arbre et attachez-le de la même manière. Évitez de faire bouger les arbres pour tester la solidité de leurs attaches.

17 **Recouvrez les racines de substrat.** Utilisez une baguette pour pousser la terre autour des racines.

18 **Construisez le mur de keto** qui retient le sol, en le moulant, morceau par morceau. Il faut arriver à créer un espace dans lequel l'arbre pourra pousser, ne faites donc pas la poche de plantation trop étroite.

19 **Laissez le haut ouvert,** pour arroser facilement et – en l'absence de trous de drainage –, pour aérer le sol si le keto devient trop dur.

20 **Ajoutez une couche de mousse** en touche finale, en pressant trois ou quatre variétés sur le keto. En quelques mois, la mousse aura pris racine, formant un cadre naturel qui tiendra tout en place. Arrosez avec soin – mais doucement – pour éviter de tout lessiver.

L'arbre fini

• **Traitez cette plantation** comme un bonsaï normal, mais sachez qu'il réagit vite à des conditions extrêmes, comme des températures supérieures à 30 °C, ou inférieures à 5 °C.

• **Attendez** avant de rempoter. Il ne demande pas des rempotages aussi fréquents qu'un arbre en pot ; fiez-vous à la surface du sol et à la vigueur des plantes.

Une plantation style *penjing* (paysage)

Les paysages en plateau sont l'un des nombreux styles des bonsaïs chinois. On trouve l'équivalent dans la culture vietnamienne. Ce sont souvent des espèces différentes plantées sur des rochers à l'aspect très chinois.

Le paysage terminé.

Choisir le matériel

Les rochers destinés au style *penjing* sont un peu plus tourmentés et stylisés. Ils sont souvent importés de Chine, où on leur donne leur forme distinctive en les sculptant et en les plongeant dans l'acide. Traditionnellement, les Chinois utilisent un *suiban* (un plateau spécial, long et étroit, en marbre blanc) pour présenter la plantation.

- **Le rocher** gardera toujours sa taille. Pensez-y en organisant le paysage.
- **Choisissez des arbres** qui ont une taille adaptée et un beau mouvement. Les ormes chinois et les pins noirs japonais ont ici tous la même échelle.

Préparer les arbres

1 **Taillez les branches** et formez chaque arbre comme si vous aviez l'intention de le mettre en pot. Supprimez les grosses branches pour créer une jolie structure. Une fois les arbres en place sur le rocher, il ne sera plus possible de faire de gros travaux de mise en forme ; ils seront dans le futur conservé en forme par la méthode du *clip'n'grow* (*voir p. 104*).

2 **Badigeonnez** immédiatement les grandes plaies de taille des arbres caducs avec du mastic cicatrisant. Essayez d'infliger les larges plaies de taille sur l'arrière de l'arbre plutôt que sur l'avant.

3 **Préparez les mottes racinaires.** Sortez la plante du pot et ôtez le vieux terreau des arbres caducs (*voir pp. 130-131*). Sur les conifères, décompactez les racines et ôtez un peu de terreau – pas la totalité – (*voir p. 151*).

4 **Démêlez les racines.** Pensez à la position de plantation et à l'angle selon lequel chaque arbre sera fixé sur le rocher. Regardez quelles racines vont gêner ou au contraire pouvoir s'accrocher à la pierre. Taillez si nécessaire. Il faut compacter la motte racinaire autant qu'il est possible, mais ne taillez pas au point de supprimer toutes les racines.

Concevoir et planter

5 **Vérifiez que les arbres préparés** tiennent bien dans leur position de plantation et faites les ajustements finaux. Essayez si possible de positionner les racines autour de la roche. Regardez depuis le devant et depuis l'arrière, et repérez où le « pot » de keto va se trouver.

6 **Avec le grillage en plastique,** façonnez des sortes de poches pour tenir les arbres en place, si le rocher ne présente pas suffisamment de crevasses naturelles ou de zones plates. Faites ces cavités aussi petites que possible et glissez le grillage dans les fissures naturelles.

7 **Attachez les fils de cuivre** au rocher avec du ciment et de la colle pour tenir le grillage en place (*voir p. 149*). Coupez de longs morceaux de fil épais, suffisamment résistant pour supporter le poids du terreau et de l'arbre (vous les couperez ultérieurement).

8 **Placez le grillage** sur les fils et coupez le plastique selon la forme voulue, pour qu'il s'attache bien à la roche.

5

6

Fixez les fils de telle façon qu'on ne les voie pas du devant ; c'est ici une vue arrière.
7

Le grillage doit s'insérer dans les fissures.
8

Moulez les fils et le grillage en une sorte de poche. Préparez un mélange de keto et de mousse (*voir p. 150*) et façonnez un mur sous la base.

Positionnez l'arbre. Ici, les racines sont fermement plaquées contre la pierre et l'arbre a été enfoncé à sa place. Il est bien accroché même sans fils.

Remplissez la cavité de terreau. Poussez doucement le terreau entre et sous les racines avec une baguette, en veillant à ne pas déplacer l'arbre.

Tassez la poche. Pressez juste ce qu'il faut pour mouler la poche sans la déformer trop. Couvrez l'extérieur avec du keto. Si vous avez du mal à faire coller le keto sur le grillage, ajoutez plus de mousse de sphaigne au mélange.

Quand la poche est remplie, coupez les extrémités des fils et complétez le mur de keto jusqu'à ce que l'arbre soit complètement entouré. Si le keto paraît sec ou commence à craqueler, lissez doucement la surface avec vos doigts préalablement humidifiés.

Terminer la composition

14 **Positionnez les autres arbres** en utilisant la même méthode. Utilisez des fils pour les maintenir en place. Passez les fils à travers l'extrémité supérieure du grillage. Pour plus de régularité, passez les fils au même niveau dans le grillage.

15 **Ajoutez du substrat** dans la poche, puis mettez en forme, en minimisant le volume. Passez les fils autour du tronc.

16 **Faites un mur de keto** autour de la poche, pour maintenir l'arbre en place.

17 **Recouvrez le keto** de mousse, en la fixant avec des crochets métalliques (*voir p. 152*). Au départ, la construction est assez fragile, mais au fur et à mesure que la mousse s'installe et que les arbres poussent, l'ensemble devient plus solide.

Arrosez et installez sur un *suiban* (plateau). La composition, par l'orientation de ses arbres, montre une direction (vers la droite ou la gauche). Décalez-la, sur le plateau, en laissant plus d'espace du côté de cette direction.

Entretenez comme un bonsaï normal, mais gardez en tête qu'il est plus sensible aux conditions extrêmes, comme des températures supérieures à 30° ou inférieures à 5°. Attendez aussi longtemps que possible avant de rempoter.

« L'arbre fini a des espaces négatifs emprunts de calme et un rythme plein de grâce. »

Réussir un bonsaï sur roche

Le style racines sur roche est inspiré par les arbres fermement accrochés aux rochers en haute montagne et dont les racines s'enfoncent dans les fissures, à la recherche de terre fertile et d'eau. Les racines épaisses enserrent la roche comme des tentacules et plongent dans le sol. C'est un projet à long terme qui demande des années pour se développer mais donne d'extraordinaires résultats.

L'arbre mis en forme.

Choisir le matériel végétal

Les espèces caduques comme les ormes du Japon (dans l'exemple présent), les érables, les charmes sont souvent traités en style racines sur roche, mais ce style convient aussi aux conifères. Choisissez des jeunes arbres qui supportent d'avoir les racines à nu : les sujets plus âgés peuvent être moins vigoureux. Débutez la culture de votre arbre dans un pot profond, puis rempotez tous les deux ans, en surélevant chaque fois un peu plus l'arbre au-dessus du niveau du sol et en dénudant chaque fois les racines un peu plus sur la roche.

- **Choisissez un rocher** doté d'un mouvement ou d'une personnalité et essayez de trouver un arbre de caractère qui lui convienne.
- **La taille du rocher** ne va pas changer : au départ, il vous paraîtra trop grand et déséquilibré par rapport à l'arbre. Au bout de 10 ans, l'arbre et le rocher commenceront à être équilibrés l'un par rapport à l'autre.

Préparez le pot

Vous pouvez utiliser cette technique pour tous les pots munis d'un seul trou de drainage et sans trous pour les fils.

1 **Couvrez le trou de drainage** avec du grillage (*voir p. 130*). Coupez une baguette chinoise d'une longueur un peu plus grande que le diamètre du trou, pour créer un point d'ancrage pour les fils.

2 **Vérifiez que les fils** atteignent le bord du pot, ajoutez une dizaine de centimètres, puis recourbez le fil sur lui-même jusqu'au fond du pot. Recommencez l'opération jusqu'à avoir quatre égales longueurs en W.

3 **Coupez le fil en deux,** pour créer deux U, aux branches de la même longueur.

4 **Enroulez les deux fils** autour de la baguette, les deux branches doivent rester de la même longueur.

5 **Passez les fils à travers le grillage,** par en dessous, sans déplacer le grillage. Vérifiez que le pot est stable, qu'il ne bouge pas sur le point d'ancrage et que le grillage ne bougera pas quand les fils seront tendus.

6 **Versez une mince couche de substrat** dans le pot. Utilisez du terreau adapté à votre arbre.

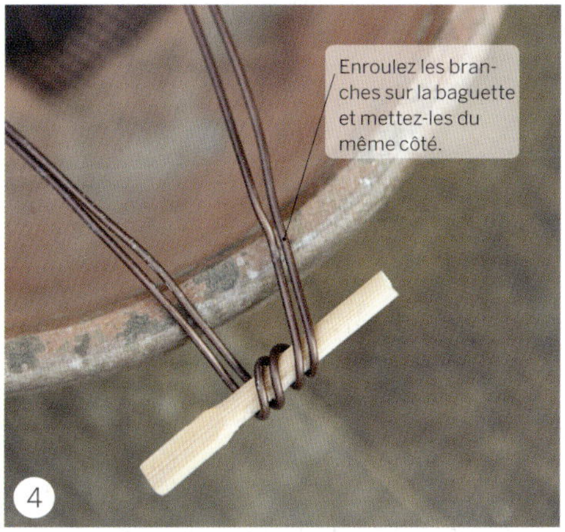

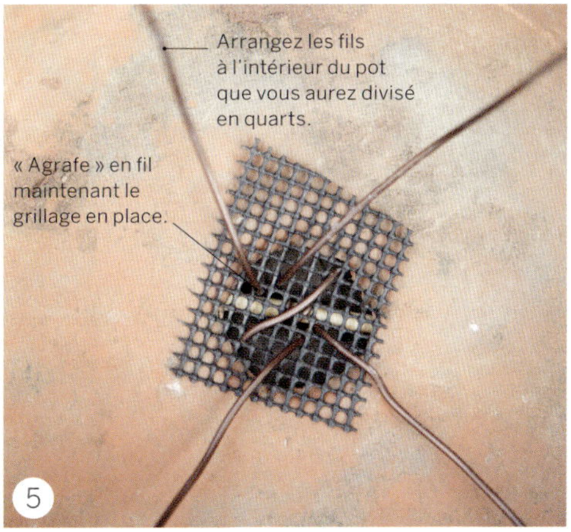

Préparer l'arbre

Sortez l'arbre de son pot. Ôtez tout le terreau des espèces caduques (*voir pp. 130-131*). Sur les conifères, décompactez les racines mais conservez autant de terreau que possible (*voir p. 151*).

Rincez les racines à l'eau pour ôter tout reste de terreau. Les épaisses racines charnues visibles sur cet exemple, typiques des ormes chinois, sont parfaites pour pousser sur un rocher.

Disposez les grosses racines sur la roche. Si vous ne trouvez que des fines racines, groupez celles qui partent d'un même point. Repérez la plus belle face de l'arbre ainsi que celle du rocher.

Planter l'arbre et le mettre en forme

Positionnez le rocher et l'arbre au fond du pot. À la première plantation, le niveau du sol doit arriver juste à la base du tronc, veillez donc à pouvoir planter suffisamment profond.

Attachez le rocher avec le fil métallique. Travaillez lentement et ne serrez pas trop fort le fil : l'aluminium se casse facilement sur une arête ou s'il est soumis à une tension trop forte.

Recouvrez rocher et racines d'une couche de terreau. Enterrez le rocher afin que le niveau du sol arrive à la base du tronc. Cela va encourager la croissance rapide des racines. Tassez.

Attachez les racines sur le rocher avec du raphia mouillé ou de la ficelle naturelle. Tendez bien. Quand les racines s'épaississent, elles ont tendance à s'échapper de dessus le rocher.

Mettez en forme l'arbre. Choisissez l'orientation de l'arbre puis identifiez et supprimez les branches indésirables. Éclaircissez les rameaux les plus minces. Mastiquez les plaies de taille.

Une pause

Mettez en forme le haut de l'arbre. Rempotez tous les deux ans, en sortant chaque fois un peu plus le rocher du terreau. Le fin système racinaire doit se développer sous le rocher. Taillez les grosses racines qui pourraient se développer en dessous.

Un cotonéaster Keshiki

De jeunes arbres plantés dans des boules de mousse sont devenus populaires auprès des amateurs urbains de bonsaïs, qui, vivant en appartement, ne disposent pas de jardin. C'est un moyen amusant, peu coûteux, facile et rapide de profiter de la beauté saisonnière des bonsaïs.

Le Keshiki terminé.

Choisir les arbres adaptés

Suivre les changements saisonniers est l'une des facettes les plus intéressants de la culture des bonsaïs. Les Keshiki sont souvent créés avec des espèces caduques à fleurs et à fruits, comme les sumacs, les cotonéasters (ci-contre), les azalées ou les prunus. Mais on peut aussi utiliser la plupart des conifères.

- **Prenez en compte** l'âge et le style de l'arbre. Les arbres jeunes et élégants conviennent mieux aux Keshiki.
- **Soyez créatif** dans le choix des pots : il n'y a aucune règle ! Ici, le cotonéaster est planté dans une boule de mousse (*kokedama*).
- **Les Keshiki** ont une durée de vie relativement courte. Il faudra les rempoter au bout de trois ou quatre ans et en faire des bonsaïs plus classiques, ou les transformer en un autre style de Keshiki (car un Keshiki peut prendre tous les styles ou presque des bonsaïs classiques).

Préparer l'arbre

1 **Inspectez la base** et retirez toute trace de mousse, c'est indispensable quand vous travaillez un arbre pour la première fois. Tout problème avec les racines affecte la silhouette de l'arbre.

2 **Donnez un style à l'arbre.** Supprimez les branches basses, les bois morts et les pousses indésirables. Reculez pour observer l'angle de plantation et la face avant. Donnez forme à l'arbre en privilégiant la taille (avec la méthode *clip'n'grow*, *voir p. 104*), plutôt qu'avec la ligature, toujours plus lourde à mettre en oeuvre.

3 **Choisissez la face avant,** positionnez l'arbre sous le bon angle et taillez pour mettre en forme. Supprimez les branches qui partent dans les mauvaises directions.

4 **Continuez à juger l'arbre** au fur et à mesure de la taille. Ici, le but est de laisser autant de baies que possible sur le cotonéaster.

5 **Sortez l'arbre de son pot** et commencez à réduire les racines. Utilisez une scie à racines pour ôter le terreau et décompacter les racines. Essayez de conserver la motte racinaire intacte et de la façonner en une boule sphérique.

6 **Taillez les fines racines** aux ciseaux pour finir de créer une sphère.

Créer la balle de *kokedama*

7 **Mélangez le keto** avec de la mousse de sphaigne et façonnez une balle (*voir p. 150*). Veillez à ce que sa structure soit ferme et solide et que le mélange ne s'émiette pas.

8 **Creusez la boule de keto** et faites un trou suffisamment large pour abriter la motte racinaire.

9 **Versez le substrat** au fond du trou. Utilisez un mélange à particules fines. L'arbre est destiné à vivre plusieurs années dans ce trou et la motte racinaire va soutenir sa croissance sans qu'il y ait besoin de rempotage.

10 **Positionnez l'arbre** avec le bon angle et remplissez de substrat.

11 **Compactez la boule de keto** autour des racines. Lissez les craquelures et ajoutez du keto sur le haut, si nécessaire. Aplatissez un peu la base, pour donner le meilleur angle à l'arbre.

12 **Habillez le keto de mousse** que vous fixerez avec des agrafes métalliques et du fil de coton noir. Fixez une extrémité du fil puis enroulez-le jusqu'à ce qu'il couvre toute la mousse. En un mois, la mousse aura entièrement recouvert le fil et elle tiendra toute seule. Vous pourrez alors, si vous le désirez, enlever le fil.

L'entretien du Keshiki

• **Arrosez soigneusement** le premier mois (pas d'eau sous pression). Puis entretenez comme un bonsaï normal. Ne rempotez que lorsque c'est vraiment nécessaire.

• **La mousse change** au cours de l'année. Essayez de la conserver humide en été. Il est parfaitement normal qu'une variété de mousse réussisse là où d'autres meurent. Les diverses variétés de mousses ont chacune des conditions de culture très spéciales.

• **Pour profiter de vos bonsaïs,** installez-les sur des présentoirs ou sur des tablettes.

Sauver un arbre à moitié mort

On fait parfois des erreurs, ou bien les bonsaïs souffrent de parasites ou de maladies. Il arrive même qu'une moitié de la plante meure. Mais ce n'est pas forcément la fin de la partie pour votre bonsaï. Avec un peu de réflexion, ce charme peut retrouver une nouvelle vie.

Le résultat, en hiver, trois mois plus tard.

Sauver l'arbre

Certains arbres ne valent plus la peine d'être sauvés et doivent être soit plantés en pleine terre, soit jetés. Des espèces comme les azalées sont difficiles à sauver une fois que l'écorce a été abîmée. Portez-vous vers des arbres à la croissance vigoureuse, qui est toujours le signe de racines en bonne santé. Ici, les longues pousses de ce charme coréen montrent que ses racines sont fortes et que le bois alimente la croissance.

- **Changer complètement** l'angle peut donner un arbre très intéressant. Regardez donc toutes les orientations possibles.
- **Regardez les arbres** dans la nature qui ont été endommagés et qui ont survécu. Ils donnent des idées. Une branche morte peut par exemple apporter du caractère à l'arbre.

Inspecter, planifier et mettre les branches en forme

1 **Inspectez l'arbre.** Ce charme est réduit à une seule branche. Il a explosé en une masse de pousses étiolées qui partent dans tous les sens et cachent le tronc mort. Une inspection plus poussée montre trois branches majeures qui partent à peu près du même niveau et quelques pousses plus petites et plus faibles qui émergent du tronc. On taille ces petites branches à ras pour dégager les trois branches majeures.

2 **Ligaturez les trois branches majeures.** Écartez-les légèrement pour répartir la croissance. Il faut créer une structure de branches lisible. Une fois la charpente en place, taillez les branches secondaires et mettez-les en forme. Supprimez ou raccourcissez toute branche poussant à l'intérieur de l'arbre, ou bien trop verticalement vers le haut ou vers le bas. Éclaircissez les zones trop denses.

3 **Ligaturez les branches secondaires** après éclaircissage, puis courbez-les pour les mettre en forme. Ces branches n'ont pas encore été taillées : il est beaucoup plus facile de manipuler de longues pousses.

4 **Taillez les branches repositionnées :** imaginez la future ligne de la cime de l'arbre pour faire les coupes. Laissez les zones qui ont besoin de pousser un peu plus et raccourcissez les pousses trop longues.

Sculpter le bois mort

5 **Supprimez** tout le bois pourri.

6 **Mettez en forme** le bois mort mais sain. Supprimez morceau par morceau tout le bois indésirable. Faites très attention aux extrémités des *jin* (*voir p. 218*) – ils doivent avoir les bords légèrement déchiquetés. Attention aussi à la limite entre le bois mort et le bois vivant. Arrêtez de couper lorsque vous arrivez aux tissus vivants : le bois juste sous l'écorce est d'une couleur différente, généralement gris ou blanc, et il est humide au toucher.

7 **Le bois mort** grossièrement sculpté suit la ligne du tronc et participe à l'effilement de la partie supérieure. Lorsque l'on sculpte du bois mort, il faut accentuer ce qui fait son caractère : les nœuds ou bien un grain particulier.

8 **Lissez les bords déchiquetés.** Utilisez un outil à tête rotative pour sculpter, poncer et ôter de toutes petites quantités de bois. Vous ferez ressortir le grain ou vous supprimerez ainsi les marques d'outils.

L'arbre désormais terminé a une charpente avec des branches bien définies. Ce qui était autrefois une partie morte et inesthétique de la plante est devenu un trait de caractère intéressant.

Réussir un genévrier en cascade

Si vous entretenez le feuillage des genévriers avec soin et intelligence, ils se plieront à de nombreux styles, dont les cascades.

La cascade terminée.

Choisir des arbres adaptés

Choisissez des sujets avec beaucoup de feuillage mature, ainsi, vous n'aurez pas à supprimer beaucoup de branches. Voici 'Itoigawuna', un cultivar apprécié pour sa croissance compacte, ses petites feuilles et sa couleur vert vif.

- **Pensez** à l'angle de plantation. Réfléchissez bien avant de commencer à travailler l'arbre : l'angle peut être changé au prochain rempotage.
- **Deux fortes lignes** de branches et un beau *nebari* sont idéaux pour créer une belle cascade.

Créer la forme générale

1 **Examinez l'arbre** sous tous les angles et de tous les côtés, puis choisissez-en un qui offre le meilleur équilibre entre le tronc et les lignes des branches, et qui positionne le *nebari* (*voir p. 218*) du côté opposé à la cascade. Vous pouvez fixer un nouvel angle de plantation temporaire, en penchant le pot, à l'aide d'un autre pot.

2 **Jugez maintenant** l'arbre sous son nouvel angle. Il faut supprimer toutes les branches qui semblent pousser contre le sens de la cascade et graduellement éclaircir la structure. Ici, les pousses secondaires partant d'une petite branche sont supprimées une à une.

3 **Reculez régulièrement** pour vérifier votre travail. Dans le cas présent, avec toutes les pousses secondaires supprimées, le petit chicot qui reste est parfaitement placé pour créer un élément de bois mort.

Le chicot sera écorcé pour faire un *jin* ou un *shari*.

4 **Continuez à éclaircir** la structure. Ici, quelques branches supplémentaires ont été ôtées de la branche qui cascade et vous pouvez clairement voir les lignes de la branche et du tronc. L'idée première était de réduire le tronc vertical qui porte l'apex. Poiur cela, on est obligé de couper au-dessus d'une branche très fine, ce qui déséquilibre la physiologie de la plante et peut, à terme, nuire à sa santé.

Éclaircir et nettoyer le feuillage du genévrier

Nettoyez soigneusement le feuillage quand la structure est faite. Les extrémités vert clair sont essentielles à la santé de l'arbre (*voir p. 117*).

Regardez chaque petite feuille et identifiez celles qui poussent activement. Il est facile de faire la différence: les pousses actives sont d'un vert clair vibrant.

Supprimez toutes les pousses inactives. Cela va stimuler la croissance de nouvelles pousses. La branche peut être compactée si nécessaire, pour créer un coussin de feuillage plus dense.

Ligaturer les branches qui cascadent

Ligaturez l'arbre. Ici, le tronc principal a une belle forme et n'a pas besoin d'être travaillé. Seules les branches secondaires demandent à être mises en forme.

Ligaturez toujours les branches par deux, pour qu'elles se soutiennent. Maintenez la branche avec une main et ligaturez avec l'autre (*voir p. 138*).

Positionnez le fil obliquement: un angle de 55° est idéal, comme vous le voyez ci-dessus. Cela permet aux branches d'être abaissées et séparées.

Taillez les longues pousses. La suppression des extrémités va entraîner le développement des pousses axillaires, et favoriser la croissance d'un épais coussin de feuillage.

Quand vous voyez deux pousses secondaires avec des extrémités poussant activement, taillez l'extrémité de la branche qui les porte, pour laisser ces deux pousses se développer.

Il reste de nombreux apex prêts à se développer sur la pousse coupée. Ils vont continuer à croître et vont à leur tour avoir besoin d'une taille, de la même manière que les pousses axillaires.

Manipulez les branches une fois que toutes les ligatures principales ont été faites. Ici, une ou deux courbures sur la branche modifient l'aspect de l'arbre.

Veillez à ce qu'il y ait bien un fil sur le dos de la courbure. Ici, la branche est courbée vers le bas et vers l'avant.

Suivez la direction de l'arbre. Ici, la branche mise en forme continue le flot de la cascade. Le coussin de feuillage inférieur est plus large.

Former le haut de l'arbre

17 **Utilisez des haubans** pour mettre en forme la partie supérieure du tronc. Les haubans sont moins intrusifs que les fils métalliques épais. Identifiez un point sur le tronc principal où le hauban peut être attaché et où il ne sera pas arraché quand on exercera une traction. Passez une longueur de fil de cuivre à travers un tuyau en caoutchouc et assurez-vous que les deux bouts sont de la même longueur.

18 **Choisissez un point de fixation** à la base. C'est là que les deux extrémités seront resserrées. Ne serrez pas le hauban à la moitié des fils, mais toujours à l'une des extrémités.

19 **Maintenez le tuyau** en place et utilisez des pinces pour serrer les fils jusqu'à obtenir la bonne tension puis tordez les fils dans le sens des aiguilles d'une montre. Quand vous mettez en place un hauban, utilisez toujours une main pour courber la branche et resserrez avec l'autre. De cette façon, quand vous mettez le fil en tension, vous ne déplacez pas la branche. Ici, tandis que la main qui tient les pinces tire pour tendre le fil, l'autre main courbe le tronc à sa base.

20 **Quand la branche est bien positionnée,** prenez un petit morceau de bois, et tournez-le pour tordre les fils et maintenir la branche en place.

L'arbre terminé sera rempoté avec un nouvel angle. L'idéal est de le conserver avec l'angle correct jusqu'à ce rempotage. Les coussins de feuillage vont pousser tandis que le feuillage juvénile et étiolé sera ôté et que des bourgeons adventices se développeront.

Créer du bois mort sur un genévrier

Le bois mort donne du caractère aux conifères. Pour recréer cet effet sur un arbre en pot, observez ce qui se passe dans la nature ou prenez exemple sur les très vieux bonsaïs.

Choisir des arbres adaptés

Le bois mort apparaît sur la plupart des conifères. Apprenez à connaître les caractéristiques de croissance de chaque espèce, et étudiez comment le bois vivant relie les racines aux branches. Les genévriers sont très linéaires, mais les pins sont plus dynamiques. Les techniques sont les mêmes mais leurs applications diffèrent.

- **Choisissez des arbres** aux troncs tordus, où le bois vivant montre un mouvement de rotation.
- **Choisissez un sujet** avec beaucoup de branches en trop, qui peuvent être supprimées, ce qui laissera des chicots pour faire des *jin* ou des *shari* (*voir p. 218*).

Arbre remis en forme et travaillé.

Créer du bois mort à partir de tissus vivants

1 **Repérez les veines de bois vivant** les plus importantes, pour identifier les zones que vous pouvez ôter. Identifiez les zones un peu enflées, ou les lignes fortes qui partent des branches vers le bas, ou des racines vers le haut. Ici, les baguettes montrent une torsion dans le tronc avec une zone en creux et une racine principale. Les veines de bois vivant sont comme des muscles : plus elles servent, plus elles grossissent. La grosse racine transporte beaucoup de nutriments, la zone en creux bien moins.

2 **Marquez à la craie** ou au feutre les zones à ôter. Commencez par une ligne assez fine et suivez le grain du bois. Évitez les zones directement sous les branches. Ne creusez pas dans des veines de bois vivant importantes. Suivez les fibres du bois tout en vérifiant que la ligne dessinée par le bois mort est belle à voir. Évitez les lignes droites.

3 **Taillez les bords** de chaque côté de la ligne avec un ciseau à bois aiguisé, en poussant à travers la couche superficielle tendre, jusqu'à sentir le bois dur en dessous. Une fois la zone à enlever définie, retirez la totalité de la section.

4 **Tirez** dans le sens des fibres. Si le grain vous entraîne dans une direction non souhaitée, arrêtez. Coupez l'extrémité de la veine du bois.

Retirez entièrement le morceau d'écorce et de cambium.

Nettoyer et polir le tronc

5 **Nettoyez l'écorce** – elle peut être très crevassée. Ici, la supprimer améliore le résultat et apporte du contraste par rapport à la veine rougeâtre vivante et au bois mort blanc. Ne grattez pas trop fort pour ne pas exposer la veine vivante rose. Arrêtez si vous l'apercevez.

6 **Terminez le *shari*,** (*voir p. 218*) mais n'entrez pas trop dans les détails. Le bois mort récemment créé est encore très humide et doit sécher avant d'être mis plus en forme. N'appliquez jamais de chaux soufrée sur des *shari* ou des *jin* tout neufs : cela tuerait les cellules si le produit se propageait.

Former l'arbre

7 **Affinez votre plan** maintenant que le bois mort a été créé. Supprimez les branches indésirables, laissez des chicots pour faire un *jin* ou pour continuer le *shari* (*voir p. 218*). Souvenez-vous : il ne faut pas ôter plus de 40 % du feuillage d'un seul coup (*voir p. 117*).

8 **Ligaturez l'arbre** et dessinez sa structure. Ligaturez les pousses secondaires avec des fils fins, mais gardez en tête la quantité de bois vivant ôtée : trop de travail sur les branches peut entraîner un arrêt de croissance de l'arbre. Laissez des pousses actives aux extrémités des branches pour être certain que l'arbre va continuer à pousser.

Au prochain rempotage, on donnera à l'arbre terminé un nouvel angle. La veine vivante est maintenant clairement visible, dans le prolongement de la grosse racine. Elle se divise dans la partie supérieure. Il n'est pas toujours facile de lire des veines vivantes, mais en observant attentivement l'arbre, vous trouverez le bon cheminement pour dessiner la ligne de bois mort.

Affiner un pin battu par les vents

Il arrive que de subtils changements apportés à un arbre déjà formé améliorent grandement le résultat. Les professionnels japonais et chinois créent des sujets à moitié formés, en attente de celui qui saura les mettre en valeur ; même de petits changements peuvent faire passer un arbre d'une catégorie à une autre.

L'arbre terminé.

Choisir des arbres adaptés

Les arbres du commerce suivent en général un schéma de culture. Une pépinière propose souvent des arbres similaires, en cours de formation.

- **Évaluez les possibilités.** Ce pin blanc du Japon de la variété 'Zuisho', importé, a un mouvement dynamique avec son tronc penché, et ses branches qui poussent d'un côté – battu par les vents, peut-être ?
- **Évaluez les éléments forts.** Ici, la branche basse est très intéressante, s'étendant sous la cime dense.
- **Regardez le port de l'arbre.** La croissance compacte, l'aptitude à refaire des bourgeons sur le vieux bois et la petite taille des aiguilles sont idéales pour un petit ou moyen arbre.

Définir l'angle et la structure

Inspectez le *nebari* (*voir p. 218*) à la base du tronc. Utilisez des pinces pour ôter la terre et la mousse et mettre à nu le départ des racines, avec leurs qualités et leurs défauts. Ici, la mousse de sphaigne cachait du bois mort intéressant.

Pour se rendre compte de la quantité de bois mort, ôtez l'écorce jusqu'à trouver du tissu vivant (sur les pins, la différence est facile à voir). Arrêtez quand vous êtes près du bord et nettoyez le bois mis à nu.

Définissez quelle sera la face avant. Ce pin a de fortes racines et une section intéressante de bois mort à la base. On peut s'arranger pour voir en même temps ces deux caractéristiques, avec les branches vers la droite.

Créer de nouveaux éléments

Identifiez les branches inesthétiques. Ici, deux branches poussent vers le haut. Elles avaient été laissées pour aider au grossissement du tronc, mais on peut aussi en faire du bois mort (*jin*).

Créez du bois mort. Les pins ont un bois tendre qui pousse vite et qui s'enracine vite. L'écorçage de branches (*jin*), du tronc (*shari*) et les trous sont naturels. Coupez la branche en laissant un chicot.

Affinez le chicot et créez le *jin*. Pelez l'écorce, tirez-la avec les pinces. Ou bien déchiquetez les couches de bois avec des sécateurs pour exposer le bois et lui donner une apparence déchirée.

Éclaircir pousses et branches

Éclaircissez les pousses trop serrées. Le pin blanc 'Zuisho' peut produire jusqu'à huit bourgeons sur un même nœud. N'en laissez que deux ou trois de même taille, poussant dans les directions voulues.

Taillez les pousses étiolées, dénudées. Les nouvelles pousses vont se développer plus vite à partir des bourgeons internes. Cela va vous permettre de construire des branches secondaires et tertiaires.

Marquez la face avant. Si nécessaire, corrigez l'angle au prochain rempotage. Quand cet arbre sera rempoté, il sera aligné avec le bord du pot.

Ligaturer et former l'arbre

Ligaturez les branches qui ont besoin de changer de position, en appliquant aux branches principales des fils plus épais. Créez une charpente solide et durable.

Courbez les branches avec vos deux mains. Utilisez vos doigts et vos pouces pour façonner les courbes, maintenir la branche et l'empêcher de se briser.

Faites des courbures multiples sur une même branche, pour vous assurer que les pousses secondaires pointent dans la bonne direction.

L'arbre terminé
• **Au printemps prochain,** l'arbre sera rempoté et réaligné sur le bord du pot.
• **Dans trois ans,** avec une taille soignée, une sélection des pousses et des ligatures bien choisies, les branches vont se développer et la silhouette de l'arbre va s'affiner.

Faire deux arbres à partir d'un seul

Le marcottage aérien vous permet de créer un nouveau bonsaï presque instantanément, à partir de la branche d'un arbre du jardin, ou de l'apex d'un bonsaï qui a trop poussé. C'est très facile : les amateurs de bonsaïs maîtriseront cette technique aisément.

Les arbres terminés, quatre mois après le marcottage.

Choisir des arbres adaptés

La plupart des espèces peuvent être marcottées, mais pour de bons résultats, choisissez des arbres jeunes et vigoureux. Les conifères se marcottent plus difficilement.

- **Cherchez** des branches intéressantes ou des parties qui donneraient un beau bonsaï si on les bouturait.
- **Marcottez** l'apex d'un bonsaï pour créer un *shohin* (*voir p. 218*) presque fini.

Après quelques années de taille rapide et de mise en forme, l'arbre montre une bonne structure, bien ramifiée.

Le tronc fin et allongé a peu de mouvement et pas de branches inférieures.

Cette longue et vigoureuse branche basse pourrait devenir le nouveau leader d'un arbre beaucoup plus petit.

Cet érable japonais est trop fin pour faire un grand arbre et les branches du sommet sont épaisses comparées à celles du dessous. Diviser cette plante en deux va permettre de récupérer la structure du haut, tandis qu'un second arbre, plus petit, va voir le jour, avec une branche leader idéalement placée.

Préparer l'arbre au marcottage

Décidez de l'angle et de la position de la marcotte. Elle est normalement horizontale et mais il est possible de créer un angle de marcottage. Supprimez toutes les branches qui encombrent.

Vérifiez le diamètre du tronc et calculez la taille de la marcotte. Pour de bons résultats, la hauteur de l'écorce ôtée devra être d'environ une fois et demie le diamètre du tronc ou de la branche.

Mesurez la distance de haut en bas et faites une petite marque pour savoir où faire les coupes. Ce n'est pas au millimètre près, c'est juste un guide.

Avec un couteau bien aiguisé et propre, faites l'incision supérieure : coupez le cambium jusqu'au cœur, en une ligne droite tout autour du tronc. Faites de même en bas de la marcotte.

Faites une ligne entre les deux incisions, en veillant bien à couper jusqu'au cœur du bois.

Si nécessaire, utilisez un ciseau à bois fin pour soulever l'écorce et séparer le cambium du cœur du bois.

Traiter la zone blessée

Écorcez. Supprimez tout morceau restant et faites une entaille supérieure bien nette, avec une ligne de coupe propre et bien définie.

Ôtez une petite section du cœur du bois – pas trop pour ne pas affecter l'intégrité structurale du tronc, mais suffisamment pour attaquer la surface et empêcher la blessure de former un cal.

Appliquez une couche d'hormones de bouturage au niveau de la coupe supérieure : utilisez du gel ou faites une pâte avec de la poudre et de l'eau, pour être sûr que les hormones restent bien fixées sur le bois.

Deux mois plus tard : apparition des racines

Quand vous apercevez une masse de nouvelles racines au niveau de la marcotte et que l'ensemble semble légèrement plus dense au toucher, il est temps d'enlever le plastique.

Défaites l'emballage et regardez si de nouvelles racines se sont formées tout autour du tronc. Elles sont extrêmement fragiles, faites donc très attention quand vous séparez les deux arbres.

Ôtez la partie du haut. Coupez le tronc à la scie, mais faites très attention à ne pas abîmer ni les racines, ni les branches plus basses… et ne vous blessez pas !

Découpez une feuille de plastique transparent suffisamment large pour envelopper le tronc et fixez-la avec une agrafeuse ou en l'entourant de fil métallique. Vérifiez que la base est bien serrée et qu'elle ne se défera pas.

Enveloppez avec de la mousse de sphaigne humide et enroulez le plastique autour, en tassant au fur et à mesure. Ne mettez pas trop de mousse au-dessus de la partie supérieure de la blessure (pas plus de 2,5 cm).

Refermez le plastique avec du fil, pour empêcher l'ensemble de bouger. Ne compactez pas trop, et ne fermez pas hermétiquement : essayez de laisser un petit espace ouvert en haut, pour verser de l'eau.

La partie supérieure a développé un système racinaire complet et la partie inférieure a maintenant une branche leader – qui était autrefois la branche la plus basse de l'arbre de départ.

Ôtez autant de mousse que vous pouvez. Si nécessaire, trempez la marcotte dans un seau d'eau pour défaire la mousse. Un peu de mousse ne gêne pas, mais de grosses quantités, si.

Sciez le vieux tronc pour faire un système racinaire radial net. Décompactez les racines, mettez l'arbre droit et coupez le tronc à quelques centimètres des nouvelles racines.

Terminer les deux arbres

Préparez un contenant de culture et versez un substrat à la granulométrie fine autour des racines. Ces dernières s'abîment vite, ne travaillez pas trop le sol.

L'arbre doit rester en place pour s'établir. Mais les racines sont encore trop fragiles pour pouvoir y fixer des fils. Ici, un collier en bois maintient l'arbre en place.

Arrosez. Quand l'eau en excès est claire, couvrez le terreau avec de la mousse déchiquetée pour retenir l'humidité et installez le pot dans un endroit abrité.

N'oubliez pas la base de votre arbre de départ. Recoupez la partie sous la séparation et pensez à la nouvelle base du tronc.

Arrangez la plaie de taille jusqu'à ce que le tronc et la nouvelle branche leader soient alignés. Efforcez-vous de trouver la ligne d'alignement exacte.

Appliquez du mastic, puis laissez reposer jusqu'à l'année suivante : plus il y aura de feuillage, meilleure sera la cicatrisation. Ne taillez pas avant la chute des feuilles.

Deux mois après leur séparation, les deux arbres rentrent dans l'automne et vont perdre leurs feuilles.

- **L'arbre marcotté.** Évitez de le déplacer jusqu'à l'été suivant, pour laisser aux racines le temps de se développer. Abritez-le en hiver : les racines ne doivent pas geler.
- **L'arbre inférieur.** Dans l'année qui suit, l'important sera la cicatrisation de la blessure causée par la marcotte et l'épaississement du tronc que l'on obtiendra en taillant après la chute des feuilles.

Créer un bonsaï issu de semis

Il faut de nombreuses années de soins attentifs et de conditions de culture correctes pour créer un très beau bonsaï – mais cela aide si l'arbre est dans la bonne position dès le départ. Les toutes premières étapes sont les plus importantes : voici comment commencer le voyage du bon pied…

Ces pins noirs du Japon, semés au printemps, ont maintenant environ six mois.

Le jeune plant rempoté.

Cultiver des arbres de semis

Les graines qui donnent des bonsaïs sont exactement les mêmes que celles qui donnent des arbres normaux. La seule différence est la manière dont les plantes sont traitées après la germination.

- **Les graines de chaque espèce** demandent différents processus de stratification, de semis, différents types de sol pour bien pousser. Référez-vous aux instructions qui vous sont données ou achetez des jeunes plants auprès de spécialistes des bonsaïs.
- **Pour créer un arbre compact** avec beaucoup de branches denses, vous avez besoin d'un système racinaire compact et bien ramifié. Pour cela, taillez les racines de vos jeunes plants la première année après la germination.
- **Semez une centaine de graines.** Après quelques années, donnez la moitié des plants à des amis et ligaturez ceux qui restent. Quelques années plus tard encore, ne conservez que les dix plus beaux, etc., jusqu'à ce qu'il ne vous reste que le plus beau. Et vous aurez transmis le merveilleux virus des bonsaïs à 99 personnes !

Repiquer les plants et tailler les racines

1 **Soulevez une plantule vigoureuse.** La plupart des arbres développent une longue racine pivotante, qui est destinée à s'enfoncer dans le sol pour ancrer l'arbre. Une fois que cela est fait, des racines latérales croissent. Dans le cas des bonsaïs, on n'encourage que les fines racines latérales en taillant la racine pivotante.

2 **Étalez les racines** sur une surface dure et propre. Identifiez la racine pivotante et regardez où vous pouvez couper. En climat très chaud, comme au Japon, on ôte quasiment toutes les racines des plantules de pin noir comme celle-ci. Les plants sont alors traités comme des boutures de bois tendre, ce qui crée un beau chevelu racinaire. En climat plus frais, plus tempéré, là où les pins noirs poussent plus lentement, il est préférable d'être prudent et de conserver quelques racines.

3 **Coupez la racine principale** avec un couteau très aiguisé. Plus la coupe est propre, meilleures sont les chances de développement racinaire.

4 **La plantule** ne conserve que des racines latérales qui vont donner un chevelu racinaire.

Rempoter les plantules

Préparez un pot de culture. Plus il est petit, mieux c'est, car il va réchauffer plus vite les racines. Insérez un grillage et épandez une couche de graviers pour améliorer l'aération.

Installez les plants dans un mélange à la granulométrie fine – ici, un mélange de pumice, d'akadama et de kiryu. Tamisez les mélanges à gros grains et récupérez les fines particules (pas la poussière). Utilisez beaucoup de pierre volcanique très fine ou de pumice qui améliore la structure du sol.

Une pause

Installez les plants dans un endroit abrité. Vous les déplacerez au soleil une fois qu'ils auront commencé à pousser. Pensez à la manière dont vous voulez voir l'arbre se développer: un grand lettré demande un traitement différent d'une cascade *shohin* (*voir p. 218*). S'il le faut, taillez la pousse terminale ligneuse; cela favorise l'émergence de nouveaux bourgeons plus bas sur le tronc, qui peuvent ensuite devenir des branches basses.

Former de jeunes baliveaux

La prochaine étape du développement est la première ligature, celle qui donne la forme et le style du tronc. Essayez de visualiser, partez à l'aventure et n'ayez pas peur de donner un mouvement appuyé au tronc en ce tout début de formation. Ici, on montre ce que l'on peut faire sur deux pins d'Écosse encore droits, juste avant qu'ils n'entament leur transformation en arbres de style lettré.

Commencer la formation d'un style lettré

Faites une double ligature sur les troncs, avec un fil d'aluminium épais. Plantez-le dans le terreau pour ancrer la base. Évitez de prendre du fil déjà tordu puis remis droit d'une précédente ligature.

Ligaturez le tronc sur toute sa longueur. Vous pouvez aussi poser le second fil de façon à ce qu'il s'intercale entre les spires du premier (*voir p. 138*). Les fils seront ôtés dans quelques mois.

Pour donner un mouvement intéressant, commencez à la base du tronc et travaillez de bas en haut, en courbant à gauche et à droite et de l'avant vers l'arrière.

Travaillez avec les deux mains et veillez à ce que le fil passe sur l'extérieur de la courbure. Il faut créer un mouvement qui soit presque aléatoire, en variant les intervalles entre chaque courbure.

La fluidité du mouvement a transformé un arbre en un intéressant sujet. L'autre reste sans intérêt et en deux dimensions. Laissez le fil en place jusqu'à ce qu'il commence à mordre l'écorce. Vous l'ôterez alors. Vous aurez peut-être besoin de ligaturer à nouveau le tronc, mais tâchez de conserver la même forme et n'essayez pas de lui donner un autre style.

Les arbres prélevés dans la nature

Travailler avec des *yamadori* est un défi intéressant même s'il peut être difficile de former selon ses goûts un arbre qui a déjà son caractère propre. Cela peut aussi être coûteux, mais des arbres comme ce pin sont une excellente introduction aux arbres *yamadori*.

L'arbre terminé.

Choisir des arbres adaptés

On laisse généralement les arbres plusieurs années dans leurs pots pour leur permettre de prendre de la vigueur. Les racines, les branches et le caractère propre de l'arbre sont les trois points principaux à prendre en compte.

- **Choisissez un arbre** avec une motte racinaire bien établie – peut-être l'arbre vous créera-t-il des difficultés avant de l'avoir rempoté ? – mais vous pouvez éviter les problèmes les plus évidents.
- **Repérez les branches** près du tronc : cela peut demander des années avant que l'arbre développe des branches adventices.

Éclaircir la structure

Éclaircissez les nœuds principaux. Sur cet exemple, trois branches partent du même point. La branche la plus mince orientée vers le devant est supprimée, on ne laisse que deux branches principales.

Gardez un long chicot, pour vous donner la possibilité de créer un *jin* (*voir p. 218*) Avec des pinces, écrasez la branche pour que les tissus vivants se séparent du cœur du bois et puissent être ôtés.

Créez le *jin*. Ôtez l'écorce en l'arrachant dans le sens du grain du bois jusqu'au point désiré. N'allez pas trop loin sur le tronc. Formez grossièrement l'extrémité du *jin* pour qu'il ait l'air plus naturel.

Supprimez les autres branches indésirables qui partent d'un même nœud puis reculez pour choisir la face avant, l'angle de plantation et la silhouette. Réfléchissez avant de tailler.

Cet arbre pousse de manière penchée mais l'on veut le rendre un peu plus vertical. Le changement d'angle va déplacer l'apex au-dessus de la base du tronc, ce qui va créer le début d'un arbre de style lettré bien équilibré – tout en conservant le port naturel d'un pin d'Écosse.

Former les branches

6

Ligaturez les branches principales avec un fil d'autant plus épais que la courbure doit être importante. Les pins sont très souples ; on peut arriver à courber même des vieilles branches épaisses.

7

Lorsque vous faites des courbures importantes, utilisez toujours vos deux mains. Attention aux endroits fragiles comme la jonction des branches ou le bois mort qui s'abîment facilement.

8

Utilisez des fils de haubanage pour les branches épaisses. Ici, la branche est courbée avec une pression contrôlée, lente, tandis que les pinces tordent les fils de haubanage autour d'un *jin*.

10

Reculez et jugez votre arbre. Quand les branches principales sont bien positionnées, décidez ce que vous voulez faire avec les branches secondaires, puis planifiez la taille et les ligatures.

11

Supprimez les branches indésirables. Essayez de raccourcir les branches les plus longues, en taillant là où c'est possible. Les branches peuvent être abaissées pour remplir les vides.

12

Ligaturez les branches secondaires et tertiaires après la taille. Éclaircissez les branches tertiaires et le vieux feuillage au fur et à mesure que vous ligaturez, pour dessiner une silhouette plus nette.

Tordez les fils de haubanage ensemble et utilisez un morceau de fil métallique épais pour mettre sous tension. Arrêtez de tordre dès que vous obtenez la bonne tension (sinon le fil peut casser).

Ligaturez l'arbre en entier avant de le mettre en forme. Terminez les ligatures avant de commencer à travailler. Cela évite d'abîmer les branches basses lors du travail.

Sur cet arbre mis en forme, le feuillage a été arrangé en petits coussins bien nets. Le mouvement des branches qui ont été raccourcies donne de l'intérêt à la silhouette. Dans quelques années, avec des tailles et un entretien du feuillage soignés, il prendra une apparence beaucoup plus naturelle.

180 bonsaïs de A à Z

Vous trouverez ici une description des **180 espèces pour bonsaïs** les plus courantes et un résumé de leur entretien. Elles sont répertoriées sous leurs noms latins et classées par ordre alphabétique.

Rusticité

La rusticité, pour chaque espèce, est exprimée par zones de rusticité, auxquelles sont accolés des chiffres.

Gélif Les plantes sont endommagées à une température inférieure à 5 °C.

Peu rustique Les plantes peuvent supporter des gels à 0 °C.

Semi-rustique Les plantes supportent - 5 °C.

Rustique Les plantes supportent - 15 °C.

Zones de rusticité

C'est un concept essentiellement américain et utilisé comme indicateur de la rusticité des plantes. Cette échelle est basée sur les températures annuelles des minima dans des zones géographiques données (voir, pour les États-Unis planthardiness.ars.usda.gov/PHZMWeb/, et pour la France, www.florama.fr/florama/116/zones_de_rusticite.htm). Pour chaque plante, le numéro de la zone indique les régions les plus froides où elle peut survivre en hiver. Notez cependant que cette échelle ne tient pas d'autres facteurs importants comme l'altitude, l'exposition au vent et la durée du froid, et que les bonsaïs sont plus fragiles car ils vivent en pot. Soyez donc attentif aux conditions réelles dans votre jardin.

Zone 1 : en dessous de - 46 °C
Zone 2 : - 46 °C à - 40 °C
Zone 3 : - 40 °C à - 34 °C
Zone 4 : - 34 °C à - 29 °C
Zone 5 : - 29 °C à - 23 °C
Zone 6 : - 23 °C à - 18 °C
Zone 7 : - 18 °C à - 12 °C
Zone 8 : - 12 °C à - 7 °C
Zone 9 : - 7 °C à - 1 °C
Zone 10 : - 1 °C à 4 °C
Zone 11 : 4 °C à 10 °C
Zone 12 : 10 °C à 15 °C
Zone 13 : 15 °C à 21 °C

Abies sp.

SAPIN

Les sapins ne sont pas souvent choisis pour faire des bonsaïs, car ils ne supportent pas les techniques qu'on leur applique. On trouve cependant en jardineries un certain nombre de variétés naines qui conviennent aux *shohin*, mais la mise en forme classique peut s'avérer difficile à mettre en œuvre. Parmi les espèces utilisables, citons *A. alba*, le sapin blanc ou commun, *A. grandis*, le sapin géant, *A. koreana*, le sapin de Corée, et son cultivar, 'Compact Dwarf', et *A. lasiocarpa*, le sapin subalpin, qui est peut-être celui qui convient le mieux pour la culture en pot.

Acer sp.

ÉRABLE

Il existe d'innombrables genres et variétés de cet arbre caduc et beaucoup sont des espèces classiquement cultivées en bonsaïs. Les érables sont intéressants toute l'année, ils sont élégants en hiver avec leurs branches nues, vigoureux au printemps avec leurs très belles jeunes pousses, rafraîchissants en été avec leur luxuriant feuillage. Ils sont magnifiques en automne, quand les feuilles prennent d'incroyables couleurs rouges, orange et jaunes.

Chaque variété se comporte différemment – choisissez les espèces mentionnées ci-dessous, dont les croissances et les ports conviennent bien à la culture en bonsaïs. De nombreuses variétés sont même choisies pour leur port très particulier (pleureur ou en cascade). N'essayez pas de leur donner un autre style. Si vous utilisez d'autres érables que ceux mentionnés ici, choisissez-les avec de petites feuilles et des entre-nœuds courts, pour arriver à former des bonsaïs compacts. On peut défolier les érables pour augmenter la ramification et réduire la taille des feuilles, mais cela dépend de la vigueur de l'espèce et de celle du sujet, de l'époque de l'année et des conditions de culture.

Rusticité, emplacement Certaines variétés tolèrent mieux le gel que d'autres ; en général, les érables sont rustiques (zones 5-8), mai il faut protéger leurs racines des gels sévères. S'il gèle régulièrement pendant longtemps, il leur faut une protection hivernale. Quand les bourgeons s'ouvrent, ou après une défoliation estivale, protégez-les du soleil et du vent. Le reste du temps, ils se plaisent au soleil mais apprécient la mi-ombre à midi, en plein été.

Arrosage Les érables peuvent avoir besoin de beaucoup d'eau au printemps et en été, quand les bourgeons éclosent et quand le feuillage est à son maximum : les feuilles ne doivent jamais sécher. En hiver, avec des températures moyennes de 5 °C, le sol doit rester frais de novembre à mars ; n'arrosez pas trop car les racines pourraient souffrir en cas de gel. En climat plus chaud, les racines restent actives, surveillez donc attentivement les apports d'eau.

Engrais Utilisez un engrais organique bien équilibré – les doses et la fréquence des apports dépendent de l'âge et du stade de développement de l'arbre. S'il en est encore à ses débuts et si l'on a besoin qu'il s'épaississe et qu'il pousse, il faut lui apporter beaucoup d'engrais, depuis l'éclosion des bourgeons au printemps, jusqu'à la chute des feuilles en automne, avec une pause en été, quand les températures montent au-dessus de 32 °C. Pour des arbres plus développés, pour lesquels on recherche une ramification plus délicate, fertilisez légèrement quand les bourgeons se sont ouverts, quand l'arbre a été pincé, et que les feuilles se sont développées et endurcies. Fertilisez un peu plus en automne, pour que l'arbre refasse provision d'énergie en prévision de l'hiver et du printemps suivant. Ne fertilisez pas au printemps.

Rempotage, substrat La majorité des arbres doit être rempotée tous les deux ou trois ans. Pour les arbres plus vigoureux, c'est chaque année. Veillez à tailler les racines, surtout celles qui sont vigoureuses, pour une croissance racinaire équilibrée. Quant au sol, l'objectif est d'obtenir un substrat qui reste frais en été, mais draine bien en hiver. Les érables n'aiment pas les sols gorgés d'eau, mais détestent sécher. Un mélange de deux parts d'akadama (granulométrie fine), d'une part de pumice (pierre ponce) et d'une part de pouzzolane est un bon départ. Veillez à ôter toute la poussière en tamisant les matériaux.

Parasites/maladies Les érables sont relativement indemnes de parasites et maladies, si l'on prend les précautions de base. Ils peuvent subir des attaques fongiques après de longues périodes d'humidité. Conservez les arbres propres et ramassez les feuilles mortes. Appliquez des fongicides dès les premiers symptômes (taches ou oïdium sur les feuilles). Les arbres cultivés en pleine terre sont sujets à la verticilliose, ce problème est plus rare chez les arbres en pot.

Les pucerons sur les jeunes pousses et les cochenilles sont deux parasites assez courants.

Une application d'insecticide systémique en début de période devrait suffire à protéger les arbres. Vérifiez qu'il n'y a pas de pucerons sur les jeunes pousses et pulvérisez un insecticide de contact si vous en trouvez. Regardez sous les branches pour détecter les cochenilles.
Taille, mise en forme Pour former la ramification, pincez la pousse principale des bourgeons qui éclosent aussi tôt que possible, au printemps. Cela va créer une ramification compacte et de courts entre-nœuds. Il est possible de défolier quand les feuilles se sont endurcies, mais veillez à ne pas trop affaiblir l'arbre. Pour le faire s'épaissir, laissez une branche pousser avant de couper au-dessus du premier nœud. Vous pouvez ligaturer les jeunes branches à tout moment : mais il est préférable de le faire au printemps, puis d'ôter les ligatures quand vous défoliez. Vous pouvez aussi ligaturer en été, et ôter les ligatures quand les feuilles tombent. Les fils peuvent très vite mordre le bois des branches qui s'épaississent, causant des cicatrices inesthétiques et irréparables. Il est donc essentiel d'ôter les ligatures à temps. La taille se fait de préférence immédiatement après que les feuilles soient tombées en automne.
Multiplication Il est conseillé de faire des boutures ou des marcottes aériennes d'une espèce ou variété à petites feuilles. On peut les semer, mais il y a une variation génétique naturelle. Avec des boutures de variétés qui demandent à être greffées sur un porte-greffe plus vigoureux, il y a un faible taux de réussite.

***Acer buergerianum* Érable trident**
Cette variété très utilisée peut pousser vigoureusement et devenir très ramifiée. On peut, en climat chaud, la défolier jusqu'à trois fois par an. Elle porte de petites feuilles à trois lobes. Son écorce gris orangé se desquame avec le temps. La taille des feuilles et des entre-nœuds varie beaucoup : choisissez des arbres aux petites feuilles et aux branches compactes. Cet arbre convient à de nombreux styles, il prend toutes les tailles et on le trouve souvent en *shohin*.
Rusticité, emplacement Rustique. Zones 4-9, mais les racines charnues doivent être protégées du gel. Les jeunes pousses supportent mal le vent et le soleil brûlant. Surveillez donc vos arbres au printemps et après une défoliation s'ils sont installés au soleil.
Arrosage Les érables tridents demandent beaucoup d'eau quand ils sont en plein soleil et que leur feuillage est pleinement développé. Ne les laissez pas sécher au printemps ni en été : ils peuvent avoir besoin de deux arrosages par jour. En hiver, n'arrosez pas trop, surtout si du gel est prévu.
Engrais Fertilisez abondamment les arbres en plein développement, du printemps à l'automne, pour qu'ils poussent vite. Ne fertilisez pas les arbres matures avant que les nouvelles pousses n'apparaissent et que les feuilles se soient endurcies.
Rempotage, substrat Les jeunes arbres se rempotent généralement tous les deux ou trois ans, les arbres matures tous les trois à quatre ans. Un substrat de granulométrie fine est préférable pour un bon développement racinaire et une bonne rétention de l'eau.
Taille, mise en forme Taillez les branches secondaires juste après la chute des feuilles. Pincez les extrémités des nouvelles pousses au printemps, pour une ramification compacte. Défoliez – si vous le désirez – une fois que les feuilles se sont endurcies. Ligaturez les branches principales assez tôt ; utilisez la technique du *clip'n'grow* pour former les branches secondaires et tertiaires. L'arbre étant de nature vigoureuse, les fils de ligature vont mordre assez vite l'écorce. Surveillez-les bien pour empêcher la formation de cicatrices irréparables.
Multiplication Voir *Acer sp.* ci-dessus.

***Acer campestre* Érable champêtre** En Europe, il est souvent prélevé dans la nature. Il est vigoureux, mais il a l'inconvénient d'avoir de grandes feuilles et une croissance trop importante. On le réserve donc généralement pour les bonsaïs les plus grands. Il est difficile de le compacter et de lui donner une forme élégante. Il convient donc mieux aux styles avec des troncs épais. Il est souvent présenté avec du bois mort ou avec un tronc portant des cavités.

***Acer circinatum* Érable à feuilles rondes**
Originaire de l'Amérique du nord. On trouve de très beaux spécimens dans les sous-bois, qui donnent des arbres inhabituels.

***Acer davidii* Érable peau-de-serpent**
Il porte de grandes feuilles cordiformes qui prennent de belles couleurs automnales, mais dont il est très difficile de réduire la taille. Il est rarement cultivé en bonsaï à cause de son port peu ramifié.

***Acer ginnala* Érable du fleuve Amour** C'est l'un des érables les plus rustiques. Il peut être cultivé jusqu'en zone 2, même si en pot, il demande tout de même une protection en hiver. Ses couleurs d'automne sont assez sombres. Les feuilles sont semblables à celles de l'érable trident, mais ses branches sont un peu plus épaisses. Il fleurit et fructifie.

***Acer japonicum* Érable du Japon**
Ses grandes feuilles conviennent mieux à des bonsaïs un peu grands. Elles ont généralement de neuf à onze lobes. Il fleurit souvent, fructifie et offre de beaux coloris en automne. Les variétés sont généralement rustiques. Il est originaire du Japon, mais il n'est pas aussi largement utilisé qu'*Acer palmatum*, à cause de la taille de ses feuilles.

***Acer monspessulanum* Érable de Montpellier**
Semblable à l'érable champêtre, il est commun sur le pourtour de la Méditerranée. Ses feuilles à trois lobes sont semblables à celles de l'érable trident. Il fleurit et fructifie. Grâce à son port arbustif, on peut obtenir une ramification compacte.

***Acer palmatum* Érable japonais lisse, érable palmé** Il est idéal en bonsaï. Sa ramification est délicate, ses feuilles de petite taille, et son écorce embellit avec le temps. Les feuilles sont palmées et lobées, généralement dotées de cinq lobes pointus. C'est un arbre vigoureux la plupart du temps, mais qui perd de son énergie avec le temps (70 ans et plus). Il est rustique (zones 5-8), mais protégez-le des gels sévères. Virtuellement, tout style et toute taille lui conviennent. Il en existe des centaines de variétés ; certaines conviennent à la culture en bonsaï d'autres pas. Les couleurs du feuillage varient selon l'intensité de la lumière qu'il reçoit.

***Acer palmatum* 'Arakawa' Érable à écorce de liège** Il est plus cultivé pour son écorce liégeuse que pour son feuillage ou sa ramification. Il est généralement très vigoureux et ses branches sont épaisses, assez droites et juvéniles, comparées à l'écorce liégeuse qui se développe avec le temps. Cette espèce donne de beaux bonsaïs, aux ports bien droits.

***Acer palmatum* 'Beni-chidori'** Le jeune feuillage est d'un vibrant rose jaune bordé de rouge. Au fil du temps, Il vire au vert et offre de beaux coloris d'automne. Cultivez-le comme *A. palmatum*. Il est juste un tout petit peu plus sensible au vent en début de saison.

***Acer palmatum* 'Chishio'** Ses jeunes pousses rouge sang au printemps virent ensuite au vert avant de donner en automne de superbes couleurs. Il pousse lentement mais la variété 'Deshojo' l'a supplanté dans le monde des bonsaïs.

***Acer palmatum* 'Deshojo'** C'est la star des arbres à beau feuillage printanier, avec des tons intenses de rouge carmin. Bien que ce soit le plus rustique et le plus vigoureux des cultivars à feuilles rouges, il est parfois fragile et lent à épaissir ses branches. Une fois qu'il est bien ramifié, il peut perdre de sa vigueur s'il est restreint trop longtemps. Comme pour toutes les variétés, les boutures peuvent, à long terme, décevoir : utiliser des plantes greffées est toujours préférable. Quand vous faites des marcottes aériennes, laissez-les longtemps sur la plante mère pour former un beau système racinaire vigoureux, avant la séparation.

***Acer palmatum* 'Kashima'** C'est une variété naine (*yatsubusa*) qui a un port particulier. Elle développe de multiples branches à partir d'un seul point sur le tronc, ces branches supportant un petit nombre de branches secondaires. Il est difficile à faire ramifier de la même manière et avec les mêmes techniques que les autres *A. palmatum*. Les bourgeons éclosent très tôt, souvent en janvier. La protection hivernale est donc une absolue nécessité pour que le jeune feuillage ne soit pas abîmé par le gel. Les jeunes feuilles sont très belles, vert jaune clair bordé de rouge.

***Acer palmatum* 'Katsura'** Ce n'est pas à strictement parler une forme naine, mais un cultivar à très petites feuilles avec une ramification compacte, ce qui le rend adapté à la culture en bonsaï. Mais malgré cela, il n'est pas très utilisé au Japon. Il tend à produire de multiples branches à partir du tronc plutôt que des branches secondaires à partir des charpentières. Le feuillage est d'un beau jaune orangé.

***Acer palmatum* 'Kiyohime'** Ce cultivar nain a un port horizontal et développe rarement des branches leader. Les branches inférieures ont tendance à être plus vigoureuses que l'apex. Veillez donc à maintenir la vigueur apicale par des rempotages réguliers. Comme d'autres variétés naines, il produit de multiples branches minces sur le tronc, ce qui donne un arbre entièrement couvert de feuilles. Il est souvent formé en balai, mais il est plus beau en semi-cascade. On peut obtenir une structure de branches plus classique, mais avec beaucoup d'efforts.

***Acer palmatum* 'Kotohime'** Voici une autre variété naine, qui pousse comme les autres, mais avec laquelle il est possible de développer des branches plus évidentes. On trouve de nombreux superbes exemplaires de cette variété avec une ramification classique de bonsaï. Les branches secondaires ont tendance à être très denses. On peut le former en style droit. Il répond bien à la technique de la marcotte aérienne.

***Acer palmatum* 'Seigen'** C'est techniquement une variété naine, aux feuilles rouges et qui pousse de la même manière que le type. Le feuillage printanier est précoce et rouge vif. Il est aussi très fragile face au vent et au gel. Il vaut mieux le protéger en hiver. Il est un peu moins vigoureux que *A. palmatum*, soyez donc précautionneux avec les techniques de mise en forme.

***Acer palmatum* 'Sharp's Pygmy'** Cet érable populaire en Amérique du nord a un superbe port naturel nain, semblable à 'Kotohime' et 'Shishi-gashira'. Les feuilles un peu plus épaisses tolèrent mieux la chaleur.

***Acer palmatum* 'Shishi-gashira'** Une espèce idéale pour la culture de *shohin*. Il répond bien aux techniques de marcotte aérienne et a un port très compact et de très petites feuilles qui ont tendance à s'enrouler naturellement. Il pousse lentement mais les plantes vigoureuses vont s'épaissir avec le temps. Les branches et le tronc ont du mal à s'effiler. Il tolère la chaleur et offre des coloris d'automne orange.

Berberis

BERBÉRIS, ÉPINE-VINETTE

Ce genre comprend environ 500 espèces d'arbustes persistants et caducs. Il est fréquemment utilisé au Japon pour créer des *shohin*, mais il existe de nombreux bonsaïs plus grands issus de matériel prélevé dans les jardins. C'est une plante qui pousse vigoureusement. Il donne des pousses partout sur le vieux bois et supporte des tailles drastiques. Mais il est presque impossible de courber les branches épaisses et épineuses. Il est donc essentiel de former la structure très tôt. Une fois mis en forme, on peut le tailler presque comme un topiaire pour lui garder sa forme.

Rusticité/emplacement Rustique, zones 4-9. Mais protégez le pot et les racines du gel (- 5 °C). Il se plaît aussi bien en plein soleil qu'à l'ombre.

Arrosage Le berbéris montre une résistance modérée à la sécheresse, veillez à ne pas le laisser sécher en été. Les espèces persistantes demandent plus d'eau en hiver que les espèces caduques.

Engrais Tout au long de la période de croissance.

Rempotage/substrat Le chevelu racinaire remplit très vite le pot, il est donc souhaitable de rempoter tous les deux ans. Utilisez un substrat basique à granulométrie fine.

Parasites/maladies Les arbres les plus faibles, ou poussant dans une zone infectée peuvent être attaqués par des champignons pathogènes, comme l'oïdium, les taches foliaires ou l'anthracnose, mais les berbéris sont en général sains.

Taille/mise en forme Taillez durant la période de croissance pour former la plante. Supprimez les gourmands et les branches indésirables qui partent du tronc. Ligaturez les jeunes pousses et laissez-les croître pour qu'elles s'épaississent avant de les couper.

Multiplication Semis, boutures et marcotte aérienne.

***Berberis darwinii* Berbéris de Darwin**
C'est un arbuste persistant vigoureux, originaire d'Amérique du sud. Il fleurit au printemps, produit des grappes denses de fleurs jaune orangé qui donnent ensuite des fruits noir pourpré.

***Berberis thunbergii* Berbéris de Thunberg**
C'est un arbuste dense, caduc, aux fleurs jaune pâle en milieu de printemps. Les baies rouges mûrissent en automne et restent sur la plante tout l'hiver. Il est aussi apprécié pour ses coloris d'automne. C'est une espèce classique pour les *shohin*, mais il convient aussi pour des bonsaïs plus grands.

Betula

BOULEAU

On trouve cet arbre caduc dans toute l'Eurasie et l'Amérique du nord. Il convient en bonsaï mais souffre du dépérissement de ses branches, et d'une tendance à produire des gourmands, au détriment des branches plus anciennes et bien ramifiées – ce qui peut expliquer sa mauvaise réputation, cependant injustifiée, dans le cercle des amateurs de bonsaïs. La mise en forme doit prendre en compte ces facteurs et ne pas se reposer entièrement sur une seule branche. On l'apprécie pour son écorce qui devient argentée après des années de culture en pot en plein soleil. Il pousse vigoureusement et s'épaissit rapidement.

Rusticité/emplacement Donnez-lui le plein soleil et tournez régulièrement le pot pour que la croissance soit régulière. L'écorce devient argentée quand elle est exposéeaux rayons du soleil. Il est très rustique (zones 3-7), mais protégez le pot et les racines lors de gels (à partir de - 5 °C). En cas de froid sévère, il peut perdre des branches.

Arrosage Ne le laissez pas sécher entre le printemps et la chute des feuilles. Ralentissez la cadence en hiver. Le terreau ne doit jamais être totalement sec.

Engrais C'est une plante vigoureuse, restreignez les apports d'engrais au printemps. Attendez que la croissance s'arrête à la fin du printemps, avant d'apporter des engrais.

Rempotage/substrat Attendez que les bourgeons soient sur le point de s'ouvrir pour rempoter. Une fois que l'arbre est établi, ne taillez pas sévèrement les racines, sinon, il va perdre des branches. Les jeunes arbres peuvent être rempotés tous les deux ans, les arbres plus vieux un peu moins souvent. Utilisez un mélange basique pour arbres caducs.

Parasites/maladies Les pucerons, la tache des feuilles et la rouille peuvent attaquer les arbres les plus faibles.

Taille/mise en forme Taillez les nouvelles pousses, une fois que la croissance est terminée, en laissant deux ou trois feuilles et en coupant au-dessus d'un bourgeon externe vigoureux. Ne touchez pas aux branches internes plus faibles. La défoliation est possible sur les branches externes fortes, pour laisser pénétrer le soleil à l'intérieur. Quand vous taillez du bois lignifié, coupez au-dessus d'un bourgeon vigoureux. Laissez un petit peu de branche au-dessus du bourgeon pour réduire le risque de dépérissement. Les grandes cicatrices dues à la taille et les coupes du tronc conduisent inévitablement au dépérissement. Ligaturez et mettez en forme comme un arbre caduc, avec des branches pleureuses. Les branches sont souples quand elles sont jeunes, mais elles épaississent et se lignifient vite.

Multiplication Semez les graines en automne ou prenez des boutures de bois non aoûté au printemps. Les semis donnent une grande variabilité génétique.

***Betula nana* Bouleau nain** Cet arbuste caduc a une écorce rouge cuivré. Il est très résistant au froid et supporte mal l'ombre. Les petites feuilles dentées virent au jaune d'or en automne.

***Betula pendula* Bouleau verruqueux** Cet arbre caduc est courant. Il a des branches arquées et pleureuses.

***Betula pubescens* Bouleau pubescent** Très semblable à *B. pendula*, cet arbre a cependant un habitat légèrement différent. Mais il se cultive de la même façon en bonsaï. Ses bourgeons sont couverts de poils fins, son écorce est légèrement plus et les bords de ses feuilles sont finement dentées.

Bougainvillea

BOUGAINVILLÉE

On trouve ce genre de plantes sarmenteuses fleuries de la Méditerranée à l'Australie. C'est une plante ornementale très populaire qui se cultive aussi en bonsaï, à cause de sa vigueur, de sa résilience et de sa capacité à supporter des tailles sévères.
Rusticité/emplacement Plante très peu rustique (zone 10). Donnez-lui du soleil, et abritez-la dès que la température tombe en dessous de 7 °C.
Arrosage Arrosez quotidiennement en été, moins en hiver.
Engrais Fertilisez toutes les deux semaines tout l'été.
Rempotage/substrat Tous les trois ou quatre ans au printemps. Utilisez un substrat qui draine bien.
Parasites/maladies Les araignées rouges, les cochenilles, les pucerons et les mouches blanches peuvent poser problème sous abri.
Taille/mise en forme Taillez continuellement les pousses sarmenteuses pour former une plante compacte.
Multiplication À partir de boutures.

Buxus

BUIS

Cet arbuste persistant peut faire un très bon bonsaï s'il est correctement formé. Mais il est facile de le tailler trop sévèrement et de créer des trous dans les coussins de feuillage. Une taille régulière est nécessaire pour former des arbres qui peuvent développer rapidement une masse de feuillage. Le bois devient très dur, ce qui signifie que des branches épaisses ne peuvent plus être courbées mais que l'on peut sculpter le bois sur des sections *shari*. On récolte des sujets poussant en pleine terre dans tout le sud de la France et on en trouve également chez les paysagistes. Avec ses petites feuilles, c'est une bonne espèce pour faire des *shohin*, dans tous les styles.
Rusticité/emplacement Rustique, zones 5-8. Protégez la plante du gel, du froid et des vents desséchants. Les feuilles brûlent en plein soleil, quand la plante est dans un pot trop petit et au sec.
Arrosage Il demande de l'eau en été, ne le laissez pas sécher. Ses racines charnues ne supportent pas les excès d'eau en hiver, quand la température descend en dessous de 0 °C.
Engrais Tout au long de la période de croissance.
Rempotage/substrat La plupart des plantes demandent un rempotage tous les deux ans. Rempotez les arbres matures moins souvent, pour conserver de petites feuilles. Utilisez un substrat de base pour arbres caducs.
Parasites/maladies Les araignées rouges et le psylle du buis peuvent abîmer le feuillage. La maladie des buis (*Cylindrocladium buxicola*) est une maladie fongique qui commence avec des taches sur les feuilles – qui tombent – et qui se propage ensuite à toute la plante.
Taille/mise en forme Défolier le long des branches, tout en laissant quelques paires de feuilles aux extrémités, va entraîner la formation de nouvelles pousses à la base des feuilles supprimées. Ligaturez les jeunes pousses de manière lâche.
Multiplication Prélevez des boutures en été, ou faites des marcottes aériennes.

***Buxus microphylla* Buis à petites feuilles** C'est une espèce un peu moins poussante que les autres. Il existe plusieurs cultivars nains, dont 'Kingsville', très populaire en Amérique du Nord.

***Buxus sempervirens* Buis commun** On le trouve généralement comme plante de bordures et de jardin.

Camellia japonica

CAMÉLIA

C'est une plante utilisée parfois au Japon, mais pas très courante en Occident. Elle est persistante, aime les sols acides et porte de grandes feuilles cireuses et de superbes fleurs en hiver et au printemps. Il existe plus de 2000 cultivars, les meilleurs pour les bonsaïs ont de très petites fleurs (variétés de *C. sasanqua*).
Rusticité/emplacement Peu rustique, zones 7-9. Il est conseillé de protéger les camélias du gel et des vents froids desséchants. Ils poussent aussi bien à l'ombre qu'en plein soleil s'ils sont bien arrosés.
Arrosage Les camélias ont besoin de beaucoup d'eau en été. Ne les laissez pas sécher, sinon, vous n'obtiendrez pas de fleurs.
Engrais Utilisez tout au long de la période de croissance un engrais faiblement dosé pour plantes de terre de bruyère. Ne favorisez pas la croissance si vous voulez une plante compacte.
Rempotage/substrat Rempotez tous les deux à trois ans. Un substrat standard assure un pH neutre.
Parasites/maladies Différents champignons et virus sont possibles, mais si votre plante est saine et si vous prenez les précautions habituelles, vous ne devriez pas avoir de problèmes. Des feuilles qui jaunissent indiquent souvent un sol trop calcaire, rendant difficile l'absorption des nutriments.
Taille/mise en forme Taillez après la floraison au printemps. Ligaturez et courbez les branches ligneuses. La plante peut adopter différents styles.
Multiplication Boutures, marcottes, semis.

Caragana arborescens

CARAGANIER DE SIBÉRIE

Cet arbuste caduc originaire de Sibérie est parfois utilisé en Asie, en *shohin* de taille moyenne. C'est un arbre très résistant, qui tolère la sécheresse, le froid, la chaleur et le vent. Il est facile à entretenir et à former. Il offre des fleurs jaunes semblables à celles des pois, et qui donnent ensuite des gousses. Ses feuilles composées sont alternes.
Rusticité/emplacement Rustique, zones 2-7. Il supporte la plupart des conditions de culture, mais apprécie une petite protection en hiver.
Arrosage Il tolère la sécheresse, mais se portera mieux avec des arrosages réguliers, quand la surface du terreau s'assèche.
Engrais Tout au long de la période de croissance.
Rempotage/substrat Tous les deux ou trois ans, selon la taille du pot. Utilisez un mélange pour bonsaïs, à granulométrie fine.
Parasites/maladies La plante est en général indemne de maladies.
Taille/mise en forme Taillez toute l'année pour mettre en forme, supprimez les gourmands sur le tronc et ligaturez les branches.
Multiplication Boutures, semis.

Carpinus

CHARME

C'est un bonsaï courant, caduc, aux feuilles alternes, finement dentées, qui virent à un beau jaune orangé en automne. Les feuilles peuvent devenir très petites et la ramification dense. Certaines espèces portent des fleurs et des fruits longs et pendants. Les branches ont tendance à ne pas s'épaissir quand la plante est en pot, et les branches peuvent pousser dans des directions aléatoires. Une taille et des ligatures régulières finissent par donner une silhouette plus élégante.
Rusticité/emplacement Rustique, zones 4-9. Protégez le pot et les branches des gels sévères et longs. Installez-le en plein soleil, sauf quand la chaleur est intense en été, sinon, les feuilles brûlent. Le jeune feuillage est sensible au soleil et au vent.
Arrosage Ne le laissez pas sécher durant la période de croissance. En hiver, conservez le substrat frais, mais pas détrempé.
Engrais Pour encourager la croissance, commencez à fertiliser au printemps. Les charmes ne développent pas des entre-nœuds aussi longs que ceux des érables.
Rempotage/substrat Généralement tous les deux à trois ans pour les jeunes arbres, et trois à quatre ans pour les sujets plus matures. Un substrat à granulométrie fine est préférable pour le développement du chevelu racinaire et une bonne rétention de l'humidité.
Parasites/maladies Les pucerons, les chenilles, la maladie du corail et l'oïdium sont possibles, mais les charmes sont relativement indemnes de problèmes.
Taille/mise en forme Laissez les nouvelles pousses s'allonger jusqu'à porter cinq ou six feuilles, puis pincez les extrémités. Laissez les branches les plus faibles s'allonger autant qu'elles peuvent. Une fois que les feuilles se sont endurcies, taillez les extrémités et les branches externes à deux feuilles, en laissant les rameaux internes intacts. Taillez ensuite quand les feuilles tombent. Ligaturez de manière lâche et mettez en forme les jeunes pousses.
Multiplication Boutures, semis et marcottes.

***Carpinus betulus* Charme commun** On le trouve dans toute l'Europe. Il existe des spécimens collectés dans la nature, au tronc très épais.

***Carpinus japonica* Charme japonais** C'est un arbre qui pousse vite, mais qui est lent à ramifier et à former sa structure, à cause de ses grandes feuilles. Il est surtout apprécié pour ses chatons pendants.

***Carpinus turczaninowii* Charme de Corée** C'est le charme le plus couramment utilisé pour faire des bonsaïs. Il est importé de Corée et du Japon, où l'on trouve de nombreux spécimens collectés dans la nature, dotés de vieux troncs épais. Il est légèrement moins vigoureux que les autres charmes mais produit de nombreuses branches fines.

Cedrus

CÈDRE

Il est d'un usage limité en bonsaï, car il est difficile de lui faire produire des branches. Cependant, certains professionnels y parviennent. C'est un conifère persistant, qui porte des aiguilles groupées sur de courtes pousses. Il est facile de créer des coussins de feuillage grâce à la taille et aux ligatures.
Rusticité/emplacement Arbre rustique, zones 5-8. Protégez-le du froid extrême, et surtout des vents froids en hiver.
Arrosage Il souffre d'un excès d'eau, laissez la surface du substrat sécher légèrement avant d'arroser.
Engrais Tout au long de la belle saison.
Rempotage/substrat Tous les trois à cinq ans, dans un substrat pour conifères drainant bien. Faites attention aux racines et n'ôtez pas trop de terreau lors du rempotage.
Parasites/maladies Indemne de problèmes.
Taille/mise en forme Vous pouvez courber fortement les branches quand l'arbre est jeune, pour créer des cicatrices. Il convient au style droit, avec un seul ou plusieurs troncs. Le port naturel peut aussi être pleureur. Taillez les branches secondaires pour mettre en forme, plutôt que de trop ligaturer.
Multiplication Le semis est préférable. Les boutures ont un faible taux de reprise.

***Cedrus atlantica* 'Glauca' Cèdre bleu de l'Atlas** Probablement le meilleur cèdre, le plus utilisé. Il a un superbe feuillage bleu gris.

***Cedrus brevifolia* Cèdre de Chypre** Il pousse lentement et porte de courtes aiguilles vert foncé.

***Cedrus deodara* Cèdre de l'Himalaya** Il pousse lentement, avec un port pleureur et de grandes aiguilles.

***Cedrus libani* Cèdre du Liban** Il pousse lentement, avec un apex aplati et des branches qui s'étalent largement.

Celastrus orbiculatus

CÉLASTRE ORBICULAIRE, BOURREAU DES ARBRES

Cette plante grimpante est souvent utilisée pour faire des *shohin*. On la considère comme invasive dans l'est de l'Amérique du nord. Elle prend de belles couleurs d'automne et ses feuilles sont assez grandes.
Les fruits sont des arilles jaune orangé qui entourent une baie rouge vif. Il faut un plant mâle pour polliniser le plant femelle.
Rusticité/emplacement Rustique, zones 4-9. Protégez les fruits des gels légers et l'arbre des gels sévères. Installez en plein soleil, sauf en plein été.
Arrosage Ne le laissez pas sécher, surtout quand les fruits se forment. Conservez le substrat frais, mais pas détrempé en hiver.
Engrais Tout au long de la période de croissance. Arrêtez quand les fruits se forment, puis apportez un engrais riche en P et K en automne.
Rempotage/substrat Tous les deux ou trois ans. Utilisez un mélange pour plantes caduques, qui retient bien l'humidité.
Parasites/maladies La plante est en général indemne de maladies.
Taille/mise en forme Les bourgeons se forment sur les branches les plus anciennes, mais il faut tailler les branches pour former la plante. Quand les nouvelles pousses sont munies de cinq à huit paires de feuilles, taillez pour ne laisser qu'une seule paire de feuilles. Donnez-lui une forme pleureuse.
Multiplication Semis, boutures, marcottes

Celtis sinensis

MICOCOULIER DE CHINE

Cette plante est couramment utilisée en Asie et en Amérique du nord, mais rarement en Europe. C'est un arbre qui pousse vigoureusement, au port semblable à celui du zelkova et de l'orme de Chine. Un entretien régulier et des défoliations entraînent un développement rapide de branches délicates, finement ramifiées. Il existe de par le monde un grand nombre de spécimens aux troncs épais, au style chinois abstrait, aux branches bien ramifiées, formées par les techniques du *clip'n'grow*.
Rusticité/emplacement Rustique, zones 5-9, mais protégez les branches délicates du gel. Installez en plein soleil, sauf en cas de fortes chaleurs.
Arrosage Ne le laissez pas sécher en été, sinon, les feuilles vont brûler. Il résiste à la sécheresse, mais préfère un sol frais (pas détrempé) en hiver.
Engrais Fertilisez légèrement tout au long de la période de croissance.
Rempotage/substrat Tous les deux ou trois ans, quand les racines commencent à remplir le pot. Utilisez un mélange pour espèces caduques.
Parasites/maladies L'arbre est généralement indemne de problèmes.
Taille/mise en forme N'importe quel style pour espèce caduque convient ; c'est un arbre qui s'adapte. Ligaturez et formez les charpentières, puis créez la ramification en défoliant régulièrement et en utilisant la méthode du *clip'n'grow*. Le micocoulier a tendance à former de multiples branches à chaque nœud, il est très important de n'en laisser que deux, pour créer une structure plus fine.
Multiplication Boutures, semis, marcottes.

Chaenomeles

COGNASSIER DU JAPON

Cet arbuste à fleurs natif de l'Asie de l'est est largement utilisé en bonsaï. Il existe des variétés de toutes les couleurs. Choisissez-en une avec de petites feuilles et fleurs. On le traite souvent sous une forme naturelle évasée, sauf la variété 'Chojubai'.

Les *Chaenomeles* appartiennent à la famille des rosacées. Ne laissez pas trop de gourmands se développer sur les jeunes arbres (et aucun sur les arbres âgés), car cela peut affaiblir les branches principales.
Rusticité/emplacement Rustique, zones 5-9. Certaines variétés demandent une période de froid pour fleurir. Protégez de la chaleur intense en été, mais le reste du temps, installez au soleil.
Arrosage Ne le laissez pas sécher. 'Chojubai' en particulier perd ses feuilles quand il est soumis à un stress hydrique. Conservez le terreau frais, mais pas détrempé en hiver.
Engrais Fertilisez régulièrement tout au long de la belle saison, sauf pendant la floraison. 'Chojubai' peut être fertilisé toute la saison.
Rempotage/substrat Mieux vaut rempoter en automne ; voir ci-dessus. Utilisez un terreau riche en akadama, qui retient l'eau, pour qu'un fin chevelu racinaire se développe.
Parasites/maladies Les pucerons attaquent les jeunes pousses tendres et la gale du collet peut poser problème. Les feuilles tombent quand les produits chimiques utilisés sont trop fortement dosés. La variété 'Chojubai' est sensible aux maladies bactériennes, surtout celles des racines. Désinfectez les outils avant et après la taille et traitez les plaies de taille avec un mastic antibactérien.
La gale du collet se traduit par une excroissance au niveau des racines, qui se transmet ensuite aux branches et finit par tuer l'arbre. En prévention, utilisez du terreau neuf et rempotez en automne quand la température baisse. Si la galle est installée, retirez-la, ôtez le terreau, et trempez les racines dans un bain d'aliette. La gale du collet affecte les arbres les plus faibles et les plus âgés. On ne peut s'en défaire totalement, mais on peut la gérer.
Taille/mise en forme On le traite souvent en buisson, sauf 'Chojubai', souvent formé avec un tronc unique et en cascade, ou bien dans le style battu par les vents ou penché. Laissez les pousses s'allonger et pincez les extrémités avant que le bois se lignifie. Puis taillez pour mettre en forme.
Multiplication Les boutures reprennent très bien.

***Chaenomeles japonica* 'Chojubai'** C'est la variété la plus courante dans le monde des *shohin*. Elle s'adapte bien, avec de petites feuilles et des fleurs délicates. Elle fleurit tout l'automne, en hiver et au printemps. On peut défolier, pour encourager la ramification, mais cela va affaiblir l'arbre. Il existe d'autres variétés qui conviennent aux bonsaïs. Certaines se ramifient bien mais fleurissent peu, alors que d'autres fleurissent abondamment, mais se ramifient peu.

***Chaenomeles speciosa* Cognassier splendide du Japon** Il existe un certain nombre de variétés de cet arbuste caduc ; 'Toya-nishiki' est une variété multicolore populaire au Japon. On utilise généralement le style buisson. Cette variété a de grandes feuilles ovales.

Chamaecyparis

CYPRÈS, FAUX CYPRÈS

Ce conifère relativement courant est fréquemment cultivé en bonsaï, même s'il est difficile de maintenir les coussins de feuillage. On utilise souvent des plantes achetées en jardinerie. Le système racinaire doit être adapté à un pot à bonsaï. Entretenez le feuillage, car les bourgeons adventices sont très rares. Le feuillage écailleux pousse en éventail et doit être taillé avec précaution. Taillez les extrémités les plus vigoureuses uniquement si le feuillage de la base des tiges a des pousses vert clair. Si l'on supprime toutes les extrémités qui poussent, les branches meurent. Lorsque vous mettez en forme, étalez le feuillage et donnez-lui la place de se développer. Les branches internes jaunissent et sèchent quand elles manquent de soleil.

Rusticité/emplacement Rustique, zones 4-9. Il supporte le froid mais protégez le pot si le gel est sévère ou s'il dure. Abritez la plante des vents froids desséchants. Installez en plein soleil en été.

Arrosage À la différence de nombreux autres conifères, c'est une plante qui a souvent soif et qui ne supporte pas le manque d'eau. Ne le laissez donc pas sécher.

Engrais Tout au long de la belle saison.

Rempotage/substrat Rempotez les jeunes arbres tous les deux ou trois ans, un peu moins souvent les arbres plus âgés, qui n'ont plus besoin de grandir mais de maintenir leur silhouette.

Parasites/maladies Les araignées rouges peuvent poser problème.

Taille/mise en forme L'entretien du feuillage est le point clé. Ligaturez et formez les charpentières, mais évitez de prendre les feuilles dans les spires de la ligature. On donne souvent aux cyprès un style droit car c'est leur port naturel.

Multiplication Boutures, semis.

***Chamaecyparis obtusa* Cyprès Hinoki du Japon, faux-cyprès** C'est celui qui est le plus utilisé au Japon. Il existe plusieurs cultivars nains. Les revers des aiguilles sont vert bleuté.

***Chamaecyparis pisifera* Cyprès Sawara** 'Boulevard' et 'Plumosa' se trouvent facilement. Les revers de leurs aiguilles sont blancs.

Cornus

CORNOUILLERS

Ces arbres caducs sont parfois utilisés pour leurs fleurs intéressantes. Il est difficile de les faire ramifier et de leur donner une silhouette comme celle des érables, et les branches ont du mal à s'effiler. Mais cela vaut la peine de persévérer pour leur floraison saisonnière intéressante.

Rusticité/emplacement Rustiques, zones 5-9, mais protégez les branches délicates du gel. Installez-les en plein soleil, sauf au cœur de l'été.

Arrosage Ne les laissez pas sécher durant la période de croissance. En hiver, conservez le substrat frais, mais pas détrempé.

Engrais Ne fertilisez pas durant la floraison. En revanche, nourrissez généreusement après la floraison, puis légèrement tout le reste de la saison de croissance.

Rempotage/substrat Tous les deux ou trois ans pour les jeunes arbres, moins souvent pour les arbres matures.

Parasites/maladies Plantes généralement sans problèmes.

Taille/mise en forme Choisissez des styles adaptés aux arbres caducs, et traitez comme les érables, mais ne défoliez pas. Pour avoir plus de fleurs, il faut avoir plus de branches.

Multiplication Boutures, marcottes et semis.

***Cornus kousa* Cornouiller du Japon** Il produit de nombreuses fleurs blanches en début d'été, qui donnent ensuite de gros fruits rouges. Les grandes feuilles virent à l'orange foncé et au rouge en automne. Plante très rustique et résistante aux maladies.

***Cornus mas* Cornouiller mâle** On le trouve dans toute l'Europe. Il fleurit en fin d'hiver et au début du printemps, et donne de petites fleurs jaunes suivies par des fruits allongés, rouges comme des cerises.

***Cornus officinalis* Cornouiller officinal** Il porte des grappes de fleurs jaunes en fin d'hiver et en début de printemps, suivies par des baies rouges.

Corylopsis

NOISETIER DU JAPON

Cet arbre caduc qui fleurit en hiver est surtout cultivé pour ses fleurs. Il est le plus souvent formé en buisson, mais on peut le voir parfois avec un tronc unique. Il faut beaucoup de branches pour pouvoir profiter de la floraison. C'est une plante de terre de bruyère, utilisez du terreau à pH acide si les feuilles jaunissent. Cultivez-le comme les cornouillers.

Cotoneaster

COTONÉASTER

C'est une plante qui s'adapte à tout, qui convient en bonsaï, et offre plus de 200 variétés, persistantes ou caduques. C'est une bonne plante pour débutant, qui pardonne les erreurs et peut facilement être taillée pour être mise en forme. En la cultivant avec soin, on peut obtenir de très beaux résultats, surtout avec des arbres de la taille *shohin*. Leur principal avantage, ce sont leurs fruits, leurs feuilles et leurs fleurs de petite taille. On peut récolter des plantes dans les jardins, les tailler sévèrement, car ils refont des pousses sur le vieux bois.

Rusticité/emplacement Rustique, zones 4-9, mais pensez à rajouter une protection pour les plantes en pot. Installez en plein soleil et protégez des oiseaux quand les fruits sont formés.

Arrosage Les cotonéasters supportent la sécheresse, mais apprécient quand même des arrosages réguliers. Ne les laissez pas sécher, surtout quand ils fleurissent ou fructifient.

Engrais Fertilisez légèrement tout au long de la période de croissance, sauf pendant la floraison. Ils n'aiment pas les doses massives d'engrais.

Rempotage/substrat Tous les deux ou trois ans pour les jeunes sujets, moins souvent pour les sujets plus matures.

Parasites/maladies Généralement indemnes de problèmes.

Taille/mise en forme Ligaturez les charpentières et les grosses branches secondaires. Taillez pour former les coussins de feuillage. Laissez les pousses s'allonger au printemps, puis taillez. La défoliation augmente la ramification, mais il ne faut la pratiquer que lorsque les feuilles se sont endurcies et s'il reste assez de temps dans la saison à l'arbre pour refaire des feuilles, qui elles-mêmes auront le temps de s'endurcir avant l'hiver. Tous les styles sont possibles, mais on voit souvent les cotonéaster en cascade ou en style battu par les vents, à cause de leur port naturel.

Multiplication Boutures ou semis.

Cotoneaster adpressus Cette espèce caduque porte des fleurs roses au printemps, puis des baies rouges avant que le feuillage ne tombe en automne.

***Cotoneaster horizontalis* Cotonéaster horizontal** Les fleurs peuvent être blanches ou roses, et sont suivies par des baies rouges. Il est caduc.

Cotoneaster microphyllus Cette espèce est persistante, avec de petites feuilles.

Crassula ovata

ARBRE DE JADE

Cette plante originaire d'Afrique du sud convient aux climats chauds, ou à la culture en intérieur. Techniquement, ce n'est pas un arbre, mais une plante succulente. Elle est idéale en plante d'intérieur car elle demande peu d'entretien.

Rusticité/emplacement Gélive, zone 10. Ne la soumettez pas à des températures inférieures à 5 °C. Elle préfère le plein soleil. Si vous la cultivez en intérieur, rapprochez-la de la fenêtre.

Arrosage Les *Crassula* stockent l'eau dans leurs feuilles et se sont adaptées à la vie en conditions arides. Laissez le terreau bien sécher entre deux arrosages. Trop d'eau fait pourrir l'extrémité des racines.

Engrais La plante demande très peu d'engrais, une fois par mois, du printemps à l'automne.
Rempotage/substrat Les *Crassula* demandent un mélange qui draine vite, retient peu l'eau. Rempotez tous les deux à trois ans.
Parasites/maladies Généralement indemne de maladies.
Taille/mise en forme Ligaturer est difficile, mais tailler suffit pour former la plante. Si vous ligaturez, gardez en tête que les branches cassent facilement. Ne mettez pas de mastic sur les plaies. Donnez un style droit ou bien en buisson.
Multiplication Boutures, même à partir d'une seule feuille.

Crataegus

AUBÉPINE

Cet arbre caduc donne des fleurs et des fruits. Il est populaire en Europe, où des spécimens sont collectés dans la nature ou dans les jardins. Il a des branches épineuses qui poussent de manière assez angulaire et tend à développer de multiples pousses à partir d'un seul nœud.
Rusticité/emplacement Rustique, zones 4-8. Protégez la plante des gels sévères et prolongés. Installez-la en plein soleil dans un endroit bien aéré du jardin. Ne la placez pas à côté d'un genévrier.
Arrosage Ne laissez pas la plante sécher en été, les feuilles bruniraient. Conservez le substrat frais, mais pas détrempé en hiver.
Engrais Fertilisez pendant la période de croissance, arrêtez pendant la floraison et reprenez quand les fruits se forment, avec un engrais riche en P et K.
Rempotage/substrat Rempotez tous les trois à quatre ans, avec un mélange pour arbres caducs. La plante supporte mal la taille de ses racines, pensez-y quand vous rempotez. Laissez les arbres matures un peu à l'étroit dans leur pot, pour augmenter la floraison.
Parasites/maladies Les problèmes fongiques sont les plus redoutés. La rouille et le feu bactérien sont possibles et peuvent se transmettre aux genévriers et vice-versa. Au moindre signe de rouille, il faut appliquer divers fongicides et détruire le matériel infecté.
Taille/mise en forme Le port naturel est un peu chaotique, mais la plante peut cependant former de belles branches. On peut recréer cette silhouette et l'améliorer en appliquant la technique du *clip'n'grow* sur les branches secondaires. Ne ligaturez pas les branches, ne les courbez pas, et pensez aux branches comme une série de lignes droites reliées entre elles. Laissez les nouvelles pousses s'allonger avant d'en tailler les extrémités. Laissez le feuillage s'endurcir, avant de rabattre sévèrement à un ou deux bourgeons. Laissez plus de feuillage sur les rameaux les plus faibles, pour qu'ils prennent de la vigueur. Les branches les plus jeunes peuvent être ligaturées. Il est possible de créer des éléments de bois mort. La plante prend tous les styles sauf le style balai.
Multiplication Boutures, semis.

Crataegus cuneata **Aubépine japonaise**
La plante porte des feuilles ovales, des fleurs blanches à la fin du printemps et de gros fruits qui ressemblent à des cynorrhodons. Elle est plus délicate que *C. monogyna*.

Crataegus laevigata **'Paul's Scarlet' Aubépine lisse** Ce cultivar à fleurs doubles est souvent cultivé en bonsaï. Il donne rarement des fruits.

Crataegus monogyna **Aubépine monogyne**
Elle a de petites fleurs blanches, suivies par des petits fruits rouges en automne. C'est l'une des meilleures aubépines pour les bonsaïs, et certains spécimens sont superbes.

Cryptomeria japonica

CRYPTOMÈRE DU JAPON

Ce conifère persistant a des feuilles ressemblant à des aiguilles, et une écorce brun rouge. Conduisez-le en style droit formel classique ou sur rocher.
Rusticité/emplacement Rustique, zones 5-9. Protégez le pot des gels qui durent. Le feuillage peut brunir après une gelée, mais c'est un phénomène normal. Installez-le en plein soleil et dans un endroit bien aéré.
Arrosage Ne le laissez pas sécher, même s'il supporte un peu la sécheresse.
Engrais Tout au long de la période de croissance.
Rempotage/substrat Tous les trois à quatre ans, moins souvent pour les arbres matures. Attendez que le feuillage ait commencé à pousser.
Parasites/maladies Les araignées rouges peuvent attaquer les arbres trop denses. Pulvérisez préventivement de l'eau sur le revers des feuilles.
Taille/mise en forme Taillez les extrémités des branches vigoureuses pour restreindre la croissance, mais seulement si les bourgeons qui restent sont prêts à démarrer. L'arbre va former des bourgeons adventices s'il est en bonne santé. Assurez-vous qu'il y a suffisamment d'espace entre les branches, pour que la lumière pénètre à l'intérieur de l'arbre. Ligaturez les branches charpentières et les pousses secondaires lignifiées. L'arbre présente un port naturel très caractéristique, ne vous en éloignez pas.
Multiplication Semis ou boutures.

Diospyros

PLAQUEMINIER, ÉBÈNE

C'est un genre largement utilisé en régions tropicales, et tempérées et qui comprend plus de 500 espèces. Il offre donc une vaste gamme d'arbres et d'arbustes caducs ou persistants. Cultivez-les comme la plupart des arbres caducs.

Diospyros kaki **Kaki** Il offre de gros fruits orange, comestibles. La ramification est grossière et les feuilles sont grandes, il est donc limité aux grands arbres, généralement en style lettré. Pour les japonais, c'est une image très parlante de l'automne.

Diospyros rhombifolia **Princess persimmon**
C'est une variété à fruits très populaire au Japon et qui commence à être connue en Occident. Son port naturel en fait un arbre peu intéressant du point de vue de la structure, mais il se couvre de fruits en automne. Il faut un arbre mâle pour une bonne récolte de fruits. Il se multiplie facilement par boutures.

Diospyros whyteana **Plaqueminier du Natal**
Originaire d'Afrique du sud, il a des feuilles brillantes et des fleurs crème parfumées qui donnent des fruits.

Diospyros ferrea **Ngavi du fourré littoral** Il est utilisé en Asie du sud-est, et spécialement à Taïwan.

Ehretia microphylla

CARMONA

Connu aussi sous le nom de *Carmona microphylla*, il est en général cultivé comme plante d'intérieur et il est souvent choisi comme premier bonsaï. Il peut souffrir si les conditions sont mauvaises. Les fleurs blanches sont suivies par de petites baies noires.
Rusticité/emplacement Gélif, zones 10-11. Il vaut mieux le cultiver à l'intérieur ou en serre. À l'intérieur, une fenêtre exposée au sud ou à l'ouest est conseillée, avec idéalement de 4 à 5 heures de bonne lumière par jour. Protégez quand la température descend en dessous de 13 °C.
Arrosage Ne le laissez jamais sécher, quelle que soit la saison. Arrosez dès que la surface du substrat commence à sécher.
Engrais Toute l'année, un peu moins en hiver. Un engrais liquide est plus facile à appliquer une ou deux fois par mois quand on cultive la plante en intérieur.
Rempotage/substrat Tous les deux ans. Utilisez un mélange qui retient bien l'eau.
Parasites/maladies Pucerons et cochenilles peuvent poser problème, mais il est en général indemne de parasites. Les fleurs peuvent attirer les insectes en climat chaud. Les problèmes sur le feuillage sont en général dus à un mauvais substrat ou à un excès d'arrosage.
Taille/mise en forme Les coussins de feuillage répondent bien à la taille en topiaire. Éclaircissez les branches et appliquez la méthode du *clip'n'grow* tout au long de la période de croissance. Ligaturez les charpentières si nécessaire.
Multiplication Prélevez des boutures au printemps et en été ou semez.

Elaeagnus

CHALEF, ÉLÉAGNUS

Ces arbustes conviennent bien en bonsaïs et répondent bien à la défoliation et la mise en forme. Ils poussent vite, sont vigoureux et tolèrent beaucoup de choses. Les éléagnus portent de petites fleurs suivies par des fruits ovales. Ils conviennent à toute une gamme de tailles et de styles. Les feuilles vert foncé ont des revers argentés. Leur taille se réduit avec les défoliations.

Rusticité/emplacement Rustique zones 4-8. Protégez le pot des gels. Installez-les en plein soleil et même dans un endroit exposé au vent toute l'année.
Arrosage Ces arbustes tolèrent la sécheresse, mais apprécient un terreau frais toute l'année.
Engrais Fertilisez tout au long de la période de croissance, sauf pendant la floraison.
Rempotage/substrat Tous les deux ou trois ans, dans un mélange pour plantes caduques.
Parasites/maladies Généralement indemnes de maladies.
Taille/mise en forme Laissez les nouvelles pousses s'allonger jusqu'à porter cinq ou six feuilles, avant de rabattre à deux feuilles. La défoliation est possible une fois que les feuilles se sont endurcies. On peut ligaturer sans problème. Les branches peuvent devenir trop épaisses. Éclaircissez les zones trop denses, pour empêcher cela, surtout sur les petits arbres. Tous les styles conviennent sauf le style balai. Toutes les tailles également, mais il est préférable de former des arbres de petite ou moyenne taille.
Multiplication Boutures.

***Elaeagnus multiflora* Goumi du Japon** C'est un arbuste caduc, avec de petites fleurs et des fruits rouges.

***Elaeagnus pungens* Chalef piquant** Cet éléagnus offre des fleurs en été, suivies par des fruits brun clair.

Euonymus

FUSAIN

Cet arbre caduc est connu pour ses somptueuses couleurs d'automne et pour ses fruits. Il est relativement facile à conserver et grâce à ses petits fruits et ses feuilles de petite taille, on en fait facilement de petits bonsaïs.
Rusticité/emplacement Rustique, zones 4-8. Abritez les pots du gel. Installez au soleil, mais protégez de la lumière trop forte.
Arrosage C'est un arbre qui doit boire ; ne le laissez pas sécher durant la période de croissance.
Engrais Fertilisez durant la belle saison, quand la croissance s'arrête.
Rempotage/substrat Tous les deux à trois ans, avec un mélange pour plantes caduques.
Parasites/maladies Généralement indemne de maladies.
Taille/mise en forme Choisissez un style qui convient aux espèces caduques. Les fusains ont tendance à développer de nombreuses pousses à partir d'un même endroit. Ne laissez donc pas le nœud s'épaissir. Taillez l'arbre pour le former et ligaturez si besoin. Il se conduit de la même manière que les autres espèces caduques.
Multiplication Semis, boutures

***Euonymus alatus* Fusain ailé**
Il a de belles couleurs d'automne et une écorce qui développe des excroissances liégeuses sur les branches. Il produit de petits fruits rouges et oranges en automne.

***Euonymus europaeus* Fusain européen** Il a des fleurs roses suivies par des capsules de graines rouges.

***Euonymus sieboldianus* Fusain de Siebold**
La plante produit des fruits roses ou blancs et pousse vigoureusement.

Fagus

HÊTRE

Cet arbre caduc donne de superbes bonsaïs. Les deux principales espèces sont le hêtre européen et le hêtre du Japon, même s'il existe certaines variantes. C'est un arbre à dominance apicale, il faut donc réduire la croissance des grosses branches apicales ou latérales, sinon, l'arbre va perdre des branches internes. Les branches inférieures mettent du temps à s'épaissir alors que les branches supérieures s'épaississent vite. Elles sont en général très droites et parfois groupées. Le genre convient mieux à des sujets de taille moyenne à grande.
Rusticité/emplacement Rustique, zones 4-9. Ils supportent le froid, mais protégez les pots lors de gels sévères. Plein soleil, sauf en conditions extrêmes. Protégez les jeunes pousses du vent et du soleil brûlant.
Arrosage Identique à celui des autres arbres caducs. Ne le laissez pas sécher en été. Maintenez le terreau frais en hiver mais non détrempé.
Engrais Fertilisez les jeunes arbres à l'éclosion des bourgeons puis tout au long de la belle saison. Pour les arbres plus âgés, attendez jusqu'après la taille, que les feuilles se soient endurcies, avant d'apporter des engrais. Fertilisez plus généreusement en automne.
Rempotage/substrat Tous les deux ans pour les jeunes arbres, tous les trois à quatre ans pour les sujets plus âgés, qui ont un système racinaire bien établi. Les hêtres ont tendance à développer une ou deux très fortes racines. Il faut les tailler fortement pour que les racines latérales plus faibles se développent. Ces dernières ne seront pas taillées. Toute pousse racinaire forte doit être taillée pour que le chevelu racinaire se développe. Sinon, les racines de surface vont se développer. Utilisez un mélange pour espèces caduques, à granulométrie fine.
Parasites/maladies Pucerons et oïdium peuvent potentiellement poser problème, tout comme la maladie de l'écorce du hêtre, mais ces arbres sont en général indemnes de maladies.
Taille/mise en forme Ne laissez pas les nouvelles pousses s'allonger. Pincez-les en laissant uniquement une ou deux feuilles. Laissez les pousses internes plus faibles s'allonger jusqu'à porter six ou sept feuilles, avant de stopper la croissance terminale. Taillez en automne après la chute des feuilles, en laissant un ou deux bourgeons. Si vous laissez les pousses croître, les feuilles vont grandir, et les entre-nœuds vont s'allonger. Il vous faudra donc équilibrer les besoins énergétiques avec ceux qu'exige la mise en forme. En automne, taillez toutes les branches vigoureuses et taillez aussi pour mettre en forme, en faisant attention à l'orientation des bourgeons. Ligaturez l'arbre à la fin de l'été ou bien en hiver. La technique du *clip'n'grow* est très efficace pour former la ramification. Ne défoliez pas.
Multiplication Semis ou marcottes aériennes en début d'été.

***Fagus crenata* Hêtre du Japon** Cette plante couramment importée conserve son feuillage automnal bronze tout l'hiver, comme protection des bourgeons. Le tronc peut être presque blanc.

***Fagus sylvatica* Hêtre européen**
Il existe de nombreuses variétés. Choisissez-en une avec de petites feuilles, ou bien dotée d'un feuillage intéressant. Il perd ses feuilles en automne.

Ficus

FICUS, FIGUIER

Largement cultivé en climats chauds et tropicaux, les ficus sont souvent des plantes d'intérieur en Europe et en Amérique du nord. Il existe plus de 800 espèces, beaucoup conviennent à la culture en bonsaï. Ils tolèrent des tailles sévères et forment des bourgeons sur le vieux bois. Les branches les plus grosses sont difficiles à courber, formez la structure le plus tôt possible. Si vous les cultivez à l'intérieur, donnez-leur de la chaleur et de la lumière.
Rusticité/emplacement Gélif, zones 10-11. Laissez-les à l'intérieur si la température descend en dessous de 15 °C. Protégez-les des vents froids. Le soleil direct encourage la formation de petites feuilles, même si les plantes tolèrent des conditions moins lumineuses. En été, n'exposez pas les plantes à des températures trop fortes. Ils préfèrent des atmosphères humides, un plateau de billes d'argile baignant dans l'eau sera donc apprécié.
Arrosage Conservez le terreau humide. Ne le laissez pas trop sécher, et ne le détrempez pas non plus.
Engrais Fertilisez légèrement tout au long de la période de croissance.
Rempotage/substrat Tous les deux ou trois ans au printemps. Utilisez un mélange qui retient bien l'eau.
Parasites/maladies Ils sont généralement indemnes de maladie, même s'il arrive qu'ils soient attaqués par les cochenilles. La décoloration des feuilles ou leur chute est souvent causée un mauvais emplacement.
Taille/mise en forme Taillez pour former et éclaircissez les zones trop denses. La défoliation est possible sur les arbres vigoureux. Ligaturez les pousses les plus fines (technique *clip'n'grow*). De nombreux arbres développent des branches très verticales. Abaissez-les ou bien taillez-les pour favoriser l'apparition de bourgeons en position plus basse. Tout style et toute taille conviennent.
Multiplication Prélevez des boutures.

***Ficus benjamina* Figuier ou ficus pleureur**
Persistant gélif, généralement considéré comme une plante d'intérieur en climats tempérés.

***Ficus macrophylla* Figuier de la baie de Moreton** Persistant gélif avec un tronc étayé par des racines aériennes quand il est mature, et qui préfère une culture en intérieur en climat tempéré.

Ficus platypoda Couramment utilisé en Australie, ce persistant gélif a des feuilles lisses et de petites fleurs rouge orangé.

***Ficus retusa* Ginseng** Il faut encourager la production des racines aériennes qui le caractérisent. Mais il faut aussi tailler ces dernières si elles deviennent trop épaisses et déséquilibrées.

***Ficus rubiginosa* Figuier de Port Jackson**
Persistant gélif aux feuilles vertes et brillantes.

***Ficus salicifolia* Figuier à feuilles de saule**
Aussi connue sous le nom de *Ficus neriifolia*, cette espèce est très largement utilisée, à cause de ses très petites feuilles fines, qui la rendent idéale en bonsaï.

Ginkgo biloba

ARBRE AUX ÉCUS

Cet arbre caduc est le seul de sa famille. Son feuillage inhabituel vire au jaune d'or en automne. Le choix du style doit tenir compte de son port particulier. Il vaut mieux lui conserver un style droit, avec des branches multiples partant du tronc. Tout autre style paraît artificiel. Créer une ramification et une structure traditionnelle de branches charpentières est difficile.
Rusticité/emplacement Rustique, zones 4-10, mais protégez le pot du gel, car les racines sont charnues. Installez-le en plein soleil, sauf en cas de grosse chaleur.
Arrosage Ne le laissez pas sécher pendant la période de croissance, et conservez le terreau frais mais non détrempé en hiver.
Engrais Cet arbre pousse lentement. Fertilisez légèrement durant la période de croissance.
Rempotage/substrat Rempotez tous les deux ou trois ans, un peu plus pour les arbres matures. Utilisez un mélange pour arbres caducs.
Parasites/maladies Indemne de maladies.
Taille/mise en forme Taillez les pousses en automne. Les branches doivent être dirigées vers le haut.
Multiplication Semis, marcottes.

Ilex serrata

HOUX SERRETÉ

L'écorce grise, les feuilles légèrement dentées et les fruits rouges en automne et en hiver en font une bonne espèce à bonsaï. Il fleurit à la fin du printemps ; les arbres femelles doivent se trouver à proximité d'un sujet mâle pour être pollinisés et donner des fruits. Une fois que les fruits se sont formés et que les feuilles ont commencé à changer de couleur, protégez-le des oiseaux. Les branches sont lentes à épaissir et les pousses ont tendance à être très verticales. Taillez-le et favorisez les pousses qui se développent vers le bas.
Rusticité/emplacement Rustique, zones 5-9 ; mais protégez des gels sévères. Installez à mi-ombre en été ; le reste du temps, donnez-lui le plein soleil.
Arrosage Ne le laissez pas sécher durant la période de croissance, surtout quand il fructifie, sinon les fruits vont tomber. Il aime les climats humides.
Engrais Fertilisez légèrement tout au long de l'année. Si vous désirez une croissance végétative, apportez beaucoup d'engrais. Si ce sont des fruits qui sont attendus, fertilisez légèrement, et une fois que les fruits se sont formés, donnez un engrais riche en P et K, en fin d'été ou en automne.
Rempotage/substrat Tous les deux à trois ans au printemps. Utilisez un mélange pour plantes caduques.
Parasites/maladies Les pucerons peuvent s'installer sur les jeunes pousses.
Taille/mise en forme Les styles en bosquet ou droit informel sont les plus adaptés. Laissez les nouvelles pousses s'allonger à quatre ou cinq feuilles, avant de ligaturer et de pincer les extrémités. Une fois que les feuilles se sont endurcies – ou en automne – taillez pour mettre en forme. Regardez la position et la direction des bourgeons avant de tailler ; favorisez les bourgeons qui promettent de se développer vers l'extérieur, horizontalement ou vers le bas.
Multiplication Semis ou marcottes.

Jasminum nudiflorum

JASMIN D'HIVER

Il est souvent utilisé pour les arbres *shohin*. Il porte de belles fleurs jaunes en milieu d'hiver. Il est relativement facile à entretenir, et forme des bourgeons sur le vieux bois. Il est assez difficile de conserver longtemps des branches âgées, mais il répond bien à la défoliation. Tous les styles lui conviennent, mais il est souvent traité en semi-cascade ou en cascade.
Rusticité/emplacement Rustique, zones 6-9. Les petits arbres ont besoin d'une protection en hiver. Installez-le en plein soleil, mais donnez-lui de l'ombre en pleine chaleur, en été.
Arrosage Ne le laissez pas sécher durant la saison de croissance et conservez le terreau frais mais non détrempé en hiver.
Engrais Fertilisez légèrement durant toute la période de croissance.
Rempotage/substrat Tous les deux ou trois ans en règle générale, tous les ans quand la plante est dans un petit pot.
Parasites/maladies La plante est en générale saine.
Taille/mise en forme Laissez les pousses s'allonger avant de les rabattre. Ce jasmin pousse vigoureusement et produit des bourgeons sur le vieux bois. Éclaircissez les branches en surnombre. Ligaturez les charpentières quand c'est nécessaire. La ramification peut se former rapidement par la taille, la méthode du *clip'n'grow* et la défoliation.
Multiplication Boutures, marcottes.

Juniperus

GENÉVRIER

La plante se prête à de multiples formes, elle a du caractère et elle est très appréciée en bonsaï. Il existe de nombreuses espèces et les plantes collectées dans la nature, les *yamadori*, sont très recherchées. Il y a deux types de genévrier, ceux à feuilles écailleuses, et ceux à aiguilles. Ils ont des croissances et des caractéristiques différentes. La gestion du feuillage est très importante avec les genévriers. Ne supprimez jamais de grandes quantités de feuillage à la fois – c'est ce qui donne la vigueur de l'arbre. Sans feuillage, l'arbre va se trouver en grande difficulté et peut mourir. Bien cultivés, les genévriers se développent vite et forment des arbres splendides. Leur bois mort est magnifique, il est caractéristique des genévriers qui ont survécu dans des environnements difficiles.
Rusticité/emplacement Rustiques, zones 3-11 selon les espèces. Ils supportent un large éventail de températures, mais protégez le pot des gels longs et sévères. Installez-le en plein soleil, sauf quand la chaleur est intense ou si l'arbre est affaibli. Dans ce dernier cas, la mi-ombre est préférable. Les genévriers installés à l'ombre voient leur feuillage s'allonger et devenir vert foncé. Éloignez-les des aubépines, en pleine terre ou en bonsaïs.
Arrosage Ils sont en général résistants à la sécheresse mais apprécieront un substrat frais toute l'année. Évitez les excès d'eau mais ne laissez pas non plus la plante sécher. Les genévriers à aiguilles demandent beaucoup plus d'eau.
Engrais Fertilisez régulièrement toute la saison de croissance.
Rempotage/substrat Rempotez les jeunes arbres ou les *shohin* tous les deux ou trois ans. Pour les arbres plus grands et plus matures, attendez aussi longtemps que possible, tant que l'eau pénètre facilement à la surface et que l'arbre ne montre pas de signes de souffrance. Les racines sont très fines, un mélange pour conifères, à granulométrie fine est préférable. Il est souvent bon d'ajouter du charbon de bois au mélange terreux, selon la qualité de l'eau. Rempotez au printemps. Les genévriers à aiguilles doivent être rempotés plus tard en saison, quand la température remonte, généralement début mai en Europe.
Parasites/maladies Les araignées rouges attaquent le revers du feuillage et l'intérieur de l'arbre. Les feuilles commencent à se décolorer, jaunissent et meurent. Vaporisez régulièrement de l'eau en prévention. Pulvérisez un acaricide quand l'attaque est bien établie, deux fois par semaine si nécessaire.

Les attaques fongiques peuvent poser de sérieux problèmes dans certains pays. La rouille du cèdre et

de l'aubépine et le dépérissement du genévrier peuvent sérieusement endommager les arbres. Appliquez des fongicides durant la période de croissance, désinfectez les outils et détruisez les plantes infectées. C'est essentiel pour stopper la maladie. Les arbres les plus faibles sont les premiers attaqués.
Taille/mise en forme Les genévriers conviennent aux styles les plus théâtraux. Les branches et le tronc sont souples et tolèrent les blessures. Créez du mouvement et rapprochez les coussins de feuillage aussi près que possible du tronc. La conduite du feuillage est essentielle. Laissez les pousses s'allonger avant de couper la tige centrale de la pousse la plus vigoureuse (si et seulement s'il y a des bourgeons prêts à démarrer sous la coupe). Supprimer trop de feuillage – surtout s'il est en train de pousser activement – entraîne une poussée de croissance indésirable. Les tiges juvéniles produites sont très différentes des pousses matures. Ne supprimez donc jamais plus de 40 % du feuillage en une seule fois (*voir aussi pp. 117 et 174-175*). Les multiples branches qui partent d'un même point doivent être éclaircies.
Multiplication Prélevez des boutures. Le marcottage est possible, mais demande du temps.

***Juniperus californica* Genévrier de Californie**
Comme son nom le suggère, il est originaire de Californie. Il tolère une grande sécheresse et une forte chaleur. Il se plaît dans du bon terreau et aime les arrosages réguliers. Il est souvent prélevé dans la nature, avec des veines de bois vivant très minces sur de larges parties de bois mort et patiné.

***Juniperus chinensis* Genévrier de Chine**
C'est le genévrier le plus populaire en bonsaï, qu'il soit importé du Japon ou cultivé en Occident. C'est un arbre qui s'adapte à beaucoup de choses, qui a différents types de feuillage convenant à différents styles.

***Juniperus chinensis* 'Blaauw'** C'est une plante que l'on trouve communément dans les jardineries. Choisissez-la si vous désirez utiliser une variété que l'on plante d'habitude au jardin. Elle a un feuillage compact et un port qui convient à la culture en bonsaï.

***Juniperus chinensis* 'Itoigawa'** C'est une variété à petites feuilles denses, vert clair, qui développe de longues pousses. Il est idéal pour les arbres de taille *shohin*. Il souffre de la chaleur extrême, à cause de la surface importante développée par ses feuilles minces, qui entraîne une perte d'eau conséquente.

***Juniperus chinensis* 'Kishu'** Il a un feuillage légèrement bleu, un peu épais et il a tendance à former des sortes de pompons, en poussant à 360°. On peut éviter cela en supprimant les pousses dirigées vers le bas. Il se plaît en climat chaud et convient en grand arbre.

***Juniperus chinensis* 'San Jose'** Une autre variété courante, disponible aussi bien en bonsaï qu'en plante de jardin. Son port est très différent car il développe du feuillage juvénile et il a une très forte tendance à fabriquer de multiples branches à partir d'un seul point. Si l'on ôte systématiquement toutes ces branches, cela va entraîner le développement d'encore plus de feuillage juvénile, créant un cercle vicieux. Laissez des branches se développer et soyez assez conservateur dans la façon de tailler et de rempoter. Laissez l'arbre prendre de l'âge et évitez au maximum les tailles drastiques. Supprimez régulièrement le feuillage affaibli ou sec qui se trouve à l'intérieur des coussins de feuilles.

***Juniperus communis* Genévrier commun** Il est difficile – mais pas impossible – à cultiver en bonsaï. Son feuillage en aiguilles demande à être pincé, de la même manière que celui des genévriers à écailles. Il aime les sols frais, qui conservent l'humidité et réussit mieux en climats très humides. Soyez plutôt du genre conservateur avec lui, travaillez à l'économie et laissez un maximum de feuillage vigoureux sur l'arbre.

***Juniperus occidentalis* Genévrier occidental**
Natif de l'ouest de l'Amérique du nord, il a un feuillage bleuté, à tendance assez juvénile et assez grossier au début de son développement. Mais en vieillissant, son feuillage devient nettement plus compact. Il est préférable de le laisser le plus longtemps possible dans son pot. On peut se procurer des sujets collectés dans la nature.

***Juniperus procumbens* Genévrier rampant**
Il existe quelques variétés de cette espèce, dont 'Nana', qui convient en tant que bonsaï. Cultivez-le comme *J. chinensis* 'San José'.

***Juniperus rigida* Genévrier rigide** Cette espèce japonaise a un feuillage délicat et demande à être ligaturée pour ne pas s'effondrer. Pincer les nouvelles pousses va entraîner le développement de bourgeons adventices sur les arbres en bonne santé. Il aime les climats chauds et a tendance à souffrir en Europe du Nord. C'est une plante qu'il faut abreuver et nourrir.

***Juniperus sabina* Genévrier Sabine** Il est couramment prélevé dans la nature dans toute l'Europe et il existe de nombreuses variétés pour le jardin. Les arbres collectés dans la nature peuvent faire de très bons bonsaïs, même si les troncs et le bois mort ont tendance à être moins gros et moins durs que chez les autres espèces. Une bonne gestion du feuillage est la clé du succès.

***Juniperus scopulorum* Genévrier des Rocheuses** Il est natif de l'ouest de l'Amérique du nord. Les arbres collectés dans la nature ont d'incroyables bois morts, des mouvements superbes et du caractère. Le feuillage doit être entretenu comme celui du *J. occidentalis* ; veillez au bon équilibre entre une taille sélective et une pousse naturelle.

Lagerstroemia indica
LILAS DES INDES

Cet arbre caduc fleurit en fin d'été. Son écorce lisse est très caractéristique du genre. Il apprécie les climats chauds.
Rusticité/emplacement Peu rustique, zones 7-9. Protégez-le quand la température descend en dessous de 5 °C. Installez-le en plein soleil en été et à mi-ombre quand il fait très chaud.
Arrosage C'est une plante qui a souvent soif, surtout quand elle est en fleurs. Ne la laissez pas sécher durant la période de croissance. Conservez le substrat frais en hiver, mais non détrempé.
Engrais Fertilisez légèrement avant la floraison, stoppez les apports durant la floraison, puis nourrissez abondamment par la suite.
Rempotage/substrat Rempotez au printemps, tous les deux ou trois ans, et attendez un peu plus longtemps pour les arbres matures. Utilisez un mélange pour plantes caduques.
Parasites/maladies L'arbre est généralement indemne de maladies, mais les jeunes pousses peuvent être attaquées par les pucerons.
Taille/mise en forme Taillez de la même façon que les autres arbres caducs. Les branches sont fragiles, ne les courbez que lorsqu'elles sont jeunes. Laissez les pousses s'étendre à six ou sept feuilles, puis rabattez en n'en laissant que deux. Il produit de nombreuses pousses verticales qui doivent être taillées le plus vite possible.
Multiplication Semis, boutures.

Larix
MÉLÈZES

Souple et poussant relativement vite, ce conifère caduc et érigé a beaucoup de caractère et est idéal en bonsaï. Le jeune feuillage est très beau, tout comme les couleurs d'automne. L'écorce sur les vieux sujets est superbe.
Rusticité/emplacement Rustique, zones 3-8, mais protégez les racines lors de gels sévères. Le feuillage brûlant en milieu d'été s'il fait trop chaud, installez l'arbre à mi-ombre.
Arrosage Conservez le terreau frais durant la période de croissance et un peu plus sec en hiver.
Engrais Ne fertilisez pas avant que la croissance s'arrête, car les branches deviendraient trop grossières. Fertilisez abondamment en automne.
Rempotage/substrat Tous les deux ou trois ans est une fréquence idéale. Ne laissez pas les racines de l'arbre trop confinées dans leur pot. Il est important de bien choisir l'époque : le mieux c'est au moment où les bourgeons commencent à gonfler, et avant qu'ils ne s'ouvrent. Évitez les tailles drastiques sur les racines des arbres bien établis. Utilisez un mélange standard pour conifères.
Parasites/maladies L'arbre est généralement sain.

Taille/mise en forme Laissez les nouvelles pousses s'allonger au-delà de la longueur souhaitée, avant de tailler. Taillez pour former en fin d'été. La taille de structure peut se faire après la chute des feuilles et avant le printemps. Les branches ont tendance à se multiplier, il faut donc les éclaircir. Ligaturez l'arbre en hiver ou au printemps, mais sachez que les branches s'épaississent vite et que les fils peuvent mordre l'écorce rapidement si vous n'y veillez pas.
Multiplication Semis ou boutures.

***Larix decidua* Mélèze d'Europe** Les sujets aux branches délicates prélevés dans la nature proviennent souvent des Alpes.

***Larix kaempferi* Mélèze japonais** Il pousse très vigoureusement et les branches deviennent vite épaisses. C'est un bon arbre pour débuter mais il est aussi intéressant pour les amateurs plus avertis. C'est également une essence forestière en Europe et l'on peut trouver des sujets prélevés dans la nature.

***Larix laricina* Mélèze américain** C'est un arbre rustique, qui convient aux régions les plus au nord de l'Amérique. Les arbres prélevés dans la nature poussent lentement en climat froid.

Malus

POMMIERS

Ils font de très bons bonsaïs à fleurs et à fruits, mais il est difficile de former leur charpente et leurs branches. Les branches les plus âgées dépérissent souvent et il peut s'avérer compliqué de former un tronc effilé. Ils n'en restent pas moins superbes quand ils sont en fleurs et en fruits, et valent par conséquent la peine d'être cultivés. Dans un jardin ou un environnement campagnard, il est facile de les faire fructifier. Pour augmenter vos chances de succès, cultivez deux variétés différentes l'une près de l'autre. Il existe de nombreuses variétés, choisissez celles à petits fruits.
Rusticité/emplacement Rustique, zones 4-9. Protégez des gels sévères, surtout quand l'arbre est dans un pot petit ou peu profond. Installez-le en plein soleil, sauf quand il fait très chaud.
Arrosage Ne laissez pas les pommiers sécher, surtout lors de la floraison ou de la fructification. Gardez le terreau frais mais non détrempé en hiver.
Engrais Fertilisez légèrement en début de printemps, stoppez durant la floraison et le début de la fructification. Reprenez une fois que les fruits se sont formés, en milieu d'été, à petites doses. Puis fertilisez abondamment en automne.
Rempotage/substrat Tous les deux ou trois ans en veillant à équilibrer la croissance. Utilisez un mélange riche en akadama ou un substrat qui retient bien la fraîcheur et les nutriments.
Parasites/maladies Les pucerons noirs ou laineux et les chenilles peuvent survenir, mais le problème le plus important reste les champignons pathogènes, comme la tavelure, les chancres ou le feu bactérien. Surveillez les pousses difformes ou très décolorées et supprimez-les immédiatement.
Taille/mise en forme Selon l'objectif visé, laissez les nouvelles pousses s'allonger et s'épaissir, ou bien taillez assez tôt pour développer une ramification compacte et favoriser la formation de bourgeons à fleurs près du tronc. Taillez à la fin de l'été, pour avoir quelques fleurs l'été suivant. Ligaturez les branches avec soin, mais pas trop. Il vaut mieux favoriser une croissance vigoureuse pour pouvoir tailler ensuite et donner du mouvement aux rameaux. L'arbre peut prendre différents styles, différentes tailles. Veillez à choisir des variétés à petits fruits pour les arbres les plus petits.
Multiplication Semis, marcottes ou boutures.

***Malus cerasifera* Pommier à fleurs** C'est l'une des espèces les plus appréciées pour les bonsaïs. C'est un arbre qui fleurit beaucoup, avec des boutons roses qui s'ouvrent blancs. Il produit de petits fruits rouges et ronds en automne.

***Malus halliana* Pommier à fleurs** Il porte des fleurs roses et de petits fruits pourpres.

***Malus sieboldii* Pommier à fleurs** Aussi connu sous le nom de *M. toringo*, il produit de petits fruits et convient aux *shohin*.

***Malus sylvestris* Pommier des bois** Les fleurs blanches ou roses sont suivies par des fruits vert jaune, plus ou moins délavés de rouge.

Metasequoia glyptostroboides

MÉTASÉQUOIA

Ce conifère caduc a un port très vertical. Traitez avec délicatesse les branches quand vous ligaturez. Pincez les nouvelles pousses et il développera de nombreux bourgeons adventices. Conduisez-le seulement en style droit, avec des branches droites, dirigées vers le bas.
Rusticité/emplacement Rustique, zones 5-8. Protégez-le des gels sévères et du soleil intense. Le feuillage délicat peut brunir si le sol sèche.
Arrosage Ne le laissez pas sécher quand il fait chaud. Conservez le terreau frais durant toute la période de croissance.
Engrais C'est un arbre qui pousse vigoureusement, il faut donc peu d'engrais sauf si vous voulez favoriser la croissance.
Rempotage/substrat Rempotez tous les deux à trois ans et travaillez pour obtenir une belle base de racines, bien équilibrée. Utilisez un mélange pour conifères qui retient l'eau.
Parasites/maladies L'arbre est généralement sain.
Taille/mise en forme Pincez les pousses terminales si vous recherchez une meilleure ramification, ou une silhouette plus compacte. Son port est pyramidal, ligaturez les branches vers le bas pour lui donner une apparence plus mature.
Multiplication Boutures, semis.

Myrtus communis

MYRTE

Cet arbuste ou ce petit arbre persistant est courant sur le pourtour méditerranéen, où il est collecté. On trouve aussi des sujets issus de culture. Il supporte des tailles très sévères et produit facilement de nouveaux bourgeons. Il porte des fleurs parfumées en été et produit de petits fruits comestibles. C'est une plante hermaphrodite qui se pollinise donc bien.
Rusticité/emplacement Gélif, zones 8-11. Protégez-le dès que les températures descendent en dessous de 5 °C. Installez-le en plein soleil.
Arrosage Il tolère la sécheresse. Conservez toute l'année le terreau frais mais jamais détrempé.
Engrais Tout au long de la période de croissance.
Rempotage/substrat Tous les deux ou trois ans. Utilisez un petit contenant pour conserver les racines au chaud. Ses racines sont ténues, un mélange à la granulométrie fine est préférable.
Parasites/maladies La plante est en général saine.
Taille/mise en forme Il peut être taillé pour être formé. Ligaturez la structure de base et utilisez la méthode du *clip'n'grow* pour remplir la ramure. Ligaturez pour corriger les défauts. Éclaircissez les zones trop denses et les points d'où partent trop de branches.
Multiplication Boutures ou semis.

Nothofagus

HÊTRE DE MAGELLAN, HÊTRE AUSTRAL

Ce sont des arbres caducs originaires de l'hémisphère sud mais qui se plaisent dans nos climats tempérés. Ils répondent très bien aux techniques du *clip'n'grow*.
Rusticité/emplacement Rustique, zones 7-10. Protégez en hiver, mais installez en plein soleil en été.
Arrosage Ne le laissez pas sécher durant la saison de croissance. Conservez le terreau frais mais pas détrempé en hiver. Ne le laissez pas baigner dans l'eau car les racines peuvent pourrir.
Engrais Fertilisez légèrement toute l'année sauf si vous voulez favoriser la croissance. Si vous fertilisez abondamment, veillez à ce que le terreau draine bien.
Rempotage/substrat Rempotez tous les deux ou trois ans au printemps. Utilisez un substrat classique pour plantes caduques.
Parasites/maladies Vous pouvez rencontrer des problèmes fongiques. Le Phytophthora entraîne le dépérissement des branches.
Taille/mise en forme Comme pour les autres arbres caducs. Tout comme pour l'orme de Chine, la méthode du *clip'n'grow* marche très bien. Taillez-le toute l'année pour le former.
Multiplication Boutures, semis.

***Nothofagus antarctica* Hêtre de l'Antartique** Il a de très petites feuilles et une ramification délicate.

Nothofagus procera Il pousse vite et offre de riches coloris à l'automne.

Olea

OLIVIER

C'est une très bonne plante pour les bonsaïs. Il est rustique, résilient et répond bien aux techniques de mise en forme des bonsaïs. Il tolère une large gamme de climats, mais adore les conditions chaudes. Il peut fleurir et fructifier – mais ce n'est pas courant sur un bonsaï – et il développe de nouvelles pousses sur le vieux bois et même sur le tronc. Les éléments de bois mort sont très durs et peuvent avoir beaucoup de caractère. Si vous lui donnez suffisamment de lumière et d'air, il peut pousser en intérieur, mais il préférera toujours un emplacement dehors.

Rusticité/emplacement Peu rustique, zones 7-10. Protégez-le du gel, donnez-lui de la chaleur et il poussera toute l'année. Installez-le en plein soleil, même en conditions très chaudes.

Arrosage Il tolère la sécheresse, mais il appréciera d'avoir un terreau frais au pied.

Engrais Tout au long de la période de croissance.

Rempotage/substrat Rempotez tous les deux ans en climat chaud, un peu moins en climat tempéré. Utilisez un mélange qui draine bien. Il pousse bien dans des substrats à base de pierre de lave.

Parasites/maladies L'arbre est généralement sain.

Taille/mise en forme Les oliviers répondent bien à la taille, mais laissez les pousses s'allonger avant de les ligaturer, les mettre en forme et les retailler. Il peut être défolié s'il est en bonne santé. Il est facile de créer des branches secondaires par la technique du *clip'n'grow*.

Multiplication Boutures de toutes tailles.

***Olea europaea* Olivier** Il a des feuilles légèrement plus grandes, qui peuvent devenir plus petites après quelques années de culture.

***Olea europaea* var. *sylvestris* Oléastre** Cette variété à très petites feuilles est collectée dans certaines régions d'Espagne (Majorque). Il en existe d'incroyables spécimens, avec une ramure très dense et du bois mort plein de personnalité.

Pemphis acidula

BOIS MATELOT

Cet arbuste se rencontre en régions tropicales, surtout aux Philippines. C'est une essence de littoral, qui aime avoir le feuillage exposé aux embruns salés. Il est très vigoureux, forme des bourgeons sur le vieux bois et refait des racines, même quand il est prélevé presque sans motte racinaire. Il répond bien aux tailles régulières et à la défoliation.

Rusticité/emplacement Gélif, zone 10. Il ne convient qu'en régions tropicales et subtropicales. Il souffre en dessous de 13 °C. Installez-le au soleil direct toute la journée.

Arrosage Ne le laissez pas sécher. Il demande parfois à être arrosé trois ou quatre fois par jour.

Engrais Fertilisez abondamment et régulièrement.

Rempotage/substrat Il faut un substrat très aéré ; utilisez un mélange à base de pierre de lave. Les racines sont très fragiles, manipulez-les avec soin quand vous rempotez. Vous pouvez laver le terreau sous l'eau et le remplacer par du mélange neuf.

Parasites/maladies Vous pouvez rencontrer des problèmes avec les chenilles et les nématodes. En prévention, apportez des matériaux organiques tels que des carapaces de crabes ou de crevettes.

Taille/mise en forme Ligaturez la charpente et taillez, puis ligaturez les branches secondaires pour corriger leur position.

Multiplication Boutures.

Picea

ÉPICÉA

Il convient bien aux climats frais et tempérés du nord. Il peut donner des bonsaïs de caractère, avec de petites aiguilles et des coussins de feuillage denses. De nombreuses branches ou pousses partent souvent d'un même point. Il est donc important d'éclaircir régulièrement. Séparez les branches et évitez de les mettre en forme comme vous le feriez avec un genévrier. Bien entretenue, la plante émet des bourgeons adventices. Pincer les pousses au printemps va favoriser la croissance de branches internes. Les branches doivent être mises en forme de manière assez rectiligne, et s'abaisser à partir du tronc.

Rusticité/emplacement Rustique, zones 2-7. Il supporte relativement bien le froid, mais protégez les pots des gels longs et des vents froids. Il se plaît à la mi-ombre. Protégez-le de la chaleur intense au creux de l'été.

Arrosage Les épicéas n'aiment ni être au sec, ni avoir les pieds baignant dans l'eau. Ils supportent un peu de sécheresse. Utilisez un mélange qui draine bien et qui est aéré et arrosez quand la surface du terreau commence à sécher.

Engrais Tout au long de la période de croissance.

Rempotage/substrat Une fois que l'arbre est établi, attendez de rempoter aussi longtemps que possible – aussi longtemps que le terreau laisse passer l'eau. Tous les quatre ou cinq ans est une fréquence idéale.

Parasites/maladies S'il fait trop humide, ou s'il y a peu d'aération, vous pouvez rencontrer des attaques fongiques, comme le brunissement des aiguilles. En climat chaud et sec, les araignées rouges sont aussi un problème. Le jaunissement du feuillage interne est l'un des premiers signes de la présence de ces parasites microscopiques.

Taille/mise en forme Attendez que les bourgeons éclosent et commencent à pousser pour pincer en laissant un ou deux centimètres. De nouveaux bourgeons vont ensuite apparaître sur l'arbre. Laissez-les s'allonger un peu avant de les pincer eux aussi. Le fait de répéter ces opérations va densifier le feuillage. Éclaircissez les parties trop denses en ne laissant que deux branches horizontales. Ligaturez les branches à la fin de l'automne, mais ne donnez pas des mouvements trop exagérés. Étalez et séparez les branches secondaires dans des plans différents, puis pincez et taillez pour former du feuillage. Ce sont en général des arbres verticaux avec des troncs droits. Les styles battus par les vents et lettrés leur conviennent bien.

Multiplication Semis ou boutures.

***Picea abies* Épicéa commun** C'est une espèce européenne, avec un feuillage un peu plus gros. Elle convient donc bien pour des arbres plus grands. Elle se décline en de nombreuses variétés, dont des naines.

***Picea engelmannii* Épinette d'Engelmann** Cette espèce nord-américaine a un superbe feuillage bleu gris. Les sujets collectés dans la nature ont une très belle écorce.

***Picea glauca* Sapinette blanche** On trouve cette espèce en Amérique du nord et au Canada. Il existe de nombreuses variétés ornementales et naines.

***Picea glehnii* Épicéa de l'île Sakhaline** On le confond souvent avec *P. jezoensis*. Les deux espèces sont très semblables et viennent des îles les plus au nord du Japon et des îles russes de Sakhaline. Les spécimens collectés dans la nature montrent un feuillage compact et des écorces superbes.

Pinus

PINS

C'est l'un des genres les plus utilisés pour les bonsaïs, regroupant de nombreuses espèces et variétés et présentant une large gamme de types de feuilles, d'écorces et de ports. Il y a de grandes variations dans la culture et l'entretien de chacune, mais cela dépend aussi beaucoup de la vigueur de l'arbre et de l'endroit où il est. L'un des points communs à toutes ces plantes est l'importance du système racinaire. Les pins ont besoin d'un système racinaire fort et sain, avec une importante mycorhization, qui participe à l'approvisionnement en eau et en nutriments. C'est pour cette raison que les quantités d'eau et d'oxygène dans le terreau sont importantes. Il est aussi crucial de maîtriser l'équilibre de la croissance, pour stopper la dominance apicale. Il faut impérativement tailler les pousses vigoureuses pour laisser les plus faibles se développer : supprimez des aiguilles pour diminuer la vigueur de la pousse, mais n'ôtez jamais toutes les aiguilles d'un coup.

Les pins préfèrent des sols légèrement acides. Si l'eau est dure (calcaire), il faudra corriger le pH du substrat avec des apports occasionnels d'engrais pour plantes de terre de bruyère. Les pins conviennent à la plupart des tailles et des styles destinés aux conifères, mais prenez en compte le port de l'arbre et les caractéristiques de son feuillage avant de décider du style que vous allez lui donner.

Rempotage/substrat Dérangez le moins possible vos arbres et maintenez un système racinaire sain, bien aéré et un substrat où l'eau pénètre bien.

Essayez de maintenir la cohésion de la motte racinaire lors du rempotage. Ôtez le substrat de surface et celui de l'extérieur de la motte. Un mélange pour conifère, bien aéré et qui draine bien, est idéal. Ajouter du kiryu semble favoriser les mycorhizes.

***Pinus contorta* Pin tordu** L'espèce supporte très bien le froid, et déteste les climats où il fait chaud en permanence. Dans de bonnes conditions, il redonne des bourgeons sur le vieux bois. Ne coupez pas les chandelles. Cultivez-le comme *P. sylvestris*.

***Pinus densiflora* Pin rouge du Japon**
Semblable au pin noir (*P. thunbergii*), le pin rouge du Japon, plutôt féminin, doit être traité avec modération, surtout quand on lui donne son style. Ces arbres sont plus cassants, surtout quand ils prennent de l'âge, courbez-les donc avec beaucoup de précautions. Utilisez un mélange bien aéré. L'arbre préfère être légèrement au sec, mais ne le laissez pas sécher complètement. Apportez une quantité moyenne d'engrais durant la période de croissance, sauf si vous coupez les chandelles.

***Pinus mugo* Pin de montagne**
C'est un pin européen, que l'on peut acquérir en jardinerie. On trouve aussi des sujets prélevés dans la nature, qui font de très beaux bonsaïs. C'est un pin qui bourgeonne à profusion. Avec de bons soins, il donnera des bourgeons adventices. Ne retirez pas trop d'aiguilles : il a tendance à émettre de nouveaux bourgeons à la base des aiguilles. Éclaircissez les aiguilles pour une meilleure définition du feuillage et pour lui donner un aspect bien net, mais laissez les aiguilles âgées quand c'est possible. Ce pin a tendance à produire cinq bourgeons, voire plus, à un même point. Éclaircissez-les pour n'en laisser que deux bien placés et de la même taille. Ne coupez pas les chandelles. Pincez comme pour *P. parviflora*, au printemps, et rabattez les pousses vigoureuses en automne, pour favoriser l'émission de bourgeons adventices. Une ramification plus dense entraîne la réduction de la longueur des aiguilles.
Rusticité/emplacement Rustique, zones 3-10. Protégez l'arbre des gels sévères et prolongés. Il tolère cependant une large gamme de climats. Installez-le en plein soleil, dans un endroit bien aéré.
Arrosage Comme pour *P. thunbergii*. Un substrat bien aéré est indispensable.
Engrais Comme pour *P. parviflora*.
Rempotage/substrat Les rempotages effectués fin août, début septembre semblent donner de meilleurs résultats. Utilisez un mélange standard pour pins.
Parasites/maladies Le rouge des conifères et les pucerons laineux sont les deux problèmes majeurs.
Taille/mise en forme Comme pour *P. parviflora*.
Multiplication Semis.

***Pinus parviflora* Pin blanc du Japon** Cette espèce japonaise a généralement de plus petites aiguilles que les autres pins, ce qui lui donne une apparence plus élégante et féminine. Les aiguilles sont produites par groupes de cinq. Un excès d'engrais et d'arrosage entraîne leur allongement. Les arbres importés sont souvent greffés sur du pin noir pour améliorer leur vigueur et leur croissance. Mais des sujets poussant sur leurs propres racines ne doivent pas vous effrayer. Ils souffrent en cas de chaleur extrême, ou dans un environnement constamment humide. La clé du succès réside dans un substrat correctement aéré et arrosé. Ils produisent difficilement des bourgeons sur le vieux bois, sauf dans des conditions optimales. Ils montrent assez vite des signes de chlorose. Il existe un certain nombre de variétés naines de *yatsubusa*, aux feuillages divers, toutes avec leur propre personnalité.
Rusticité/emplacement Rustique, zones 4-7. Protégez l'arbre de l'humidité excessive, surtout en hiver. Il aime l'air pur, et souffre de la pollution atmosphérique. Le plein soleil est préférable.
Arrosage Un excès d'arrosage est le risque le plus dangereux. Mais ne laissez pas sécher le pot. Assurez-vous tout au long de l'année du bon équilibre entre l'eau et l'oxygène.
Engrais Si votre but est de compacter la croissance et d'obtenir des aiguilles plus courtes, fertilisez très légèrement jusqu'à ce que les aiguilles se soient complètement allongées et endurcies. Fertilisez ensuite généreusement en fin d'été et en automne. Utilisez des engrais à base d'algues, qui apporteront des oligo-éléments.
Rempotage/substrat Comme pour les autres pins, ci-dessus.
Parasites/maladies Les pucerons laineux sont un problème majeur. Surveillez l'apparition d'une sorte de « duvet » blanc, au revers des extrémités des branches. Pulvérisez un insecticide systémique ou de contact. Ces parasites restent sur la plante après leur mort. Nettoyez les branches et marquez-en quelques-unes pour voir s'ils reviennent sur ces mêmes branches. Un feuillage qui jaunit est en général le signe d'un problème au niveau des racines ou du terreau.
Taille/mise en forme Ne coupez pas les chandelles. Si les pousses s'allongent trop au printemps, pincez ou coupez les extrémités des pousses vigoureuses, pour ne laisser sur les tiges que les jeunes pousses aux très courtes aiguilles. Équilibrez les longueurs des chandelles en laissant les plus faibles s'allonger. Il faut aussi restreindre la croissance des pousses terminales. La plupart des variétés développent trois bourgeons ou pousses – deux faibles et un bourgeon central plus vigoureux. Si les pousses latérales sont viables, supprimez le bourgeon central. Cela doit être réalisé à la fois en automne, quand l'arbre forme ses bougeons, et au printemps ou en été, quand les bourgeons se sont développés en pousses. Pensez toujours à surveiller les branches internes. Elles peuvent être ligaturées quand le feuillage s'est endurci, mais attention à ne pas tordre les branches. Tous les styles et toutes les tailles conviennent.
Multiplication Semis. Certaines variétés, comme 'Zui-sho', se bouturent.

***Pinus ponderosa* Pin jaune, pin à bois lourd**
Natif de l'ouest de l'Amérique du nord, il porte de grandes aiguilles charnues, qui deviennent plus petites une fois l'arbre en culture, portées par des branches très souples. Les sujets récoltés dans la nature présentent une superbe écorce craquelée et du beau bois mort. Rustique, zones 3-7, mais protégez-le des gels longs et sévères. Installez en plein soleil et dans un endroit bien aéré. Ne coupez pas les chandelles. Cultivez comme *P. mugo*.

***Pinus sylvestris* Pin sylvestre** On le trouve dans toute l'Europe, ainsi qu'en Asie et à de nombreux égards, ce pin est idéal en bonsaï. Très vigoureux, résilient et tolérant, il émet des bourgeons à profusion, se ramifie bien et la taille des aiguilles diminue au fur et à mesure qu'on le cultive en pot. C'est une espèce idéale pour débuter et l'on peut obtenir des résultats splendides. Il existe de nombreuses variétés. Certaines, naines, comme 'Beuvronensis', donnent des coussins de feuillage très denses. Il croît chaque année en une seule fois, il n'est donc pas conseillé de couper les chandelles. Il tolère des tailles sévères et émet des bourgeons adventices quand la pousse terminale est supprimée. Il se développe naturellement en style lettré. Le plus difficile est de mettre les branches dans la bonne position – les ligatures mordent très vite l'écorce des branches et doivent être ôtées après seulement quelques mois.
Rusticité/emplacement Rustique, zones 3-8. Protégez-le des gels longs et sévères. Il tolère une large gamme de climats. Installez-le en plein soleil et dans un endroit bien aéré.
Arrosage Semblable à celui de *P. thunbergii*. Un substrat bien aéré est essentiel.
Engrais Comme pour *P. parviflora*.
Rempotage/substrat Au printemps ou à l'automne. Il tolère des sols aux pH très variés, mais vous obtiendrez les meilleurs résultats avec un mélange standard pour conifères.
Parasites/maladies Le rouge des conifères et les pucerons laineux sont les deux problèmes majeurs.
Taille/mise en forme Comme pour *P. mugo* et *P. strobus*. Les jeunes pousses peuvent s'étendre de manière conséquente ; rabattez-les pour former l'arbre, réduisez le nombre de bourgeons et formez une ramification compacte, en favorisant les pousses internes les plus faibles. Une fois que l'arbre est bien ramifié, mettez-le en forme avec la technique du *clip'n'grow*, associée éventuellement avec des ligatures.
Multiplication Semis.

***Pinus thunbergii* Pin noir du Japon** Ces pins masculins portent de longues aiguilles vertes et épaisses et une écorce craquelée.
Rusticité/emplacement Rustique, zones 5-10. En hiver, protégez le pot et les branches délicates. Il tolère le gel, s'il n'est pas trop prolongé, et apprécie le plein soleil.
Arrosage Choisissez un substrat bien aéré et ne

le laissez pas trop sécher. Les pins noirs du Japon n'aiment manquer ni d'eau ni d'engrais.
Engrais Fertilisez abondamment sauf si vous coupez les chandelles.
Rempotage/substrat Comme pour les pins ci-dessus.
Parasites/maladies Vous pouvez rencontrer des problèmes fongiques comme le rouge des conifères, si les nuits sont trop humides ou si l'aération est mauvaise. Les araignées rouges, les cochenilles et les chenilles sont possibles.
Taille/mise en forme Ces pins sont très souples et peuvent être courbés et ligaturés. Ligaturez quand les jeunes pousses se sont endurcies en automne ou en hiver, pour minimiser les dégâts sur les aiguilles ou les bourgeons. Les jeunes pousses – les chandelles – peuvent avoir leurs extrémités pincées au printemps. Vous pouvez aussi les couper entièrement en été (généralement en juin), ce qui entraîne le développement d'une seconde croissance, avec des aiguilles plus petites et des branches plus courtes. Ne procédez que sur des arbres en bonne santé et par temps chaud. C'est un moyen de construire la ramification, mais laissez toujours 8-10 paires d'aiguilles sur chaque branche. Veillez à rabattre les pousses vigoureuses quand il y a derrière elles des bourgeons adventices plus faibles mais viables. Cela va les inciter à se développer, ce qui va augmenter la ramification et compacter la silhouette.
Multiplication Semis. Les marcottes sont possibles, mais elles sont très lentes à produire.

Podocarpus macrophyllus

PIN DES BOUDDHISTES

Cet arbre aux allures de conifère, avec un feuillage d'if, n'est ni un pin, ni un if. Il est souvent utilisé par les débutants en bonsaï d'intérieur. En climat chaud, on peut avoir de grands sujets. Il tolère une taille sévère.
Rusticité/emplacement Il est gélif, zones 8-10. Il apprécie les climats chauds. Il peut tolérer un très léger gel, mais protégez-le quand la température descend en dessous de 5 °C. Le plein soleil est préférable. Placez-le près d'une fenêtre si vous le cultivez à l'intérieur.
Arrosage Conservez le substrat frais toute l'année, mais pas détrempé, surtout si vous cultivez la plante à l'intérieur. Il supporte assez mal la sécheresse.
Engrais Fertilisez légèrement tout au long de la période de croissance. Pour obtenir de petites feuilles, évitez de fertiliser avant que le feuillage se soit endurci.
Rempotage/substrat Tous les trois ou quatre ans, sauf nécessité. Un mélange pour conifères qui retient bien la fraîcheur est idéal pour des plantes cultivées en intérieur. Si vous le cultivez dehors, choisissez un substrat qui draine un peu plus. Les racines poussent lentement, évitez de les tailler trop fortement.
Parasites/maladies Les cochenilles, la fumagine, les acariens et la pourriture des racines peuvent poser problème.
Taille/mise en forme Le *Podocarpus* pousse lentement sauf en climat chaud. Laissez les jeunes pousses s'allonger, puis rabattez-les. Cela va favoriser le développement de bourgeons puis de pousses adventices, qui seront ensuite taillées. Supprimer les feuilles internes sans toucher aux extrémités qui poussent va induire le développement de bourgeons adventices. Si l'on fait cela plusieurs fois par an, on peut obtenir de très petites feuilles.
Multiplication Boutures ou semis.

Potentilla fruticosa

POTENTILLE ARBUSTIVE

Cet arbuste est souvent utilisé au jardin mais il convient aussi pour les bonsaïs : il porte de petites feuilles et fleurs, et a la capacité à refaire des bourgeons sur du vieux bois, après une taille sévère. Les branches peuvent se dessécher en cas de manque d'eau ou de gel, mais en général il repart. Cependant, si cela arrive trop souvent, l'arbuste peut mourir. Il existe de nombreuses variétés et on peut en récupérer dans de vieux jardins.
Rusticité/emplacement Rustique, zones 3-7. Protégez-le du froid pour préserver la structure des branches et les racines. Donnez-lui le plein soleil, sauf s'il est dans un pot étroit ou peu profond.
Arrosage La potentille ne tolère pas la sécheresse. Assurez-vous que le substrat reste toujours frais tout l'été. N'apportez pas trop d'eau en hiver.
Engrais Fertilisez légèrement toute l'année.
Rempotage/substrat Tous les deux à trois ans au printemps. Utilisez un mélange pour plantes caduques, qui retient bien l'humidité.
Parasites/maladies La plante est en général indemne de maladies et parasites.
Taille/mise en forme La potentille peut être taillée pour être mise en forme. Elle va émettre beaucoup de bourgeons et de pousses sur le tronc. Éclaircissez pour construire la structure, pas la silhouette. Par temps chaud, l'attention sera quotidienne, pour que la plante reste compacte. La structure des veines vivantes du bois est semblable à celle des genévriers et quand de grosses branches meurent, il apparaît souvent des cavités dans le tronc, ce qui donne de l'intérêt à la plante. Les branches peuvent être ligaturées et courbées, mais avec douceur.
Multiplication Semis, boutures.

Prunus

CERISIERS À FLEURS

C'est un genre immense, idéal pour les bonsaïs, et qui est très prisé au Japon. Il appartient à la famille des rosacées et vous pouvez donc rencontrer certains problèmes liés à cette famille (chancre, maladies bactériennes ou fongiques). Certaines variétés conviennent mieux que d'autres à la culture en pot. Avec de la patience, beaucoup de soin, et une bonne observation de la structure naturellement angulaire des branches, on obtient d'excellents résultats. Les techniques du *clip'n'grow*, combinées avec des ligatures pour corriger les mauvaises positions, donnent des arbres au caractère superbement naturel. Choisissez des variétés à petites fleurs et ne les laissez pas fructifier en abondance, car cela nuit à la structure des branches et fatigue les arbres.
Rusticité/emplacement Rustiques, zones 3-10, selon les espèces. Protégez-les des froids sévères et du soleil intense. Mais à part cela, les *Prunus* sont des arbres résistants. Ils préfèrent le plein soleil.
Arrosage Ce sont des arbres qui demandent de l'eau, surtout durant la période de croissance. Ne les laissez jamais sécher.
Engrais Mis à part les arbres matures, où le but est de restreindre la croissance, fertilisez généreusement durant la période de croissance.
Rempotage/substrat Tous les deux à trois ans dans un substrat qui retient bien l'eau et les nutriments. Le printemps est la période idéale, après la floraison et avant l'éclosion des bourgeons.
Parasites/maladies Les maladies bactériennes et fongiques posent problème, une bonne hygiène est donc essentielle. Les perceurs, les cochenilles et les chenilles peuvent aussi s'attaquer à ces arbres.
Taille/mise en forme Il faut comprendre la manière dont les branches poussent avant de les mettre en forme. Les branches âgées deviennent très cassantes mais les jeunes pousses sont souples : il est possible de les courber fortement en été. Sur beaucoup d'espèces, les bourgeons adventices sont rares. Rabattez en automne à deux yeux, pour conserver la ramification compacte. On peut les défolier une fois que les feuilles se sont endurcies, mais cela peut affecter la floraison l'année suivante. Une approche patiente, utilisant la technique du *clip'n'grow* sera peut-être plus performante. Ne stylisez pas trop l'arbre. Laissez-lui son caractère naturel et la pousse légèrement erratique de ses branches.
Multiplication Boutures, semis, marcottes.

***Prunus avium* Merisier, cerisier des oiseaux**
Avec l'âge, l'écorce lisse et grise rougit, se craquelle et se desquame, surtout en hiver, donnant du caractère à l'arbre. Mais il est aussi beau le reste de l'année, avec sa floraison, ses fruits et ses habits d'automne spectaculaires.

***Prunus cerasifera* Myrobolan** Il fleurit de la fin de l'hiver jusqu'au printemps, produit des masses de petites fleurs blanches sur les branches encore nues.

***Prunus incisa* Cerisier à fleurs** C'est un bel arbre, surtout la variété 'Kojo-no-mai', qui donne de superbes petits arbres.

***Prunus mahaleb* Cerisier de Sainte-Lucie**
Originaire des régions méditerranéennes, c'est un arbre très vigoureux, qui a tendance à émettre des tiges sur le vieux bois.

***Prunus mume* Abricotier du Japon** C'est le roi des bonsaïs japonais. Les vieux arbres arborent une incroyable écorce, un mouvement des branches superbe et de belles fleurs au cœur de l'hiver. Il existe des centaines de cultivars : choisissez ceux à petites fleurs simples. 'Yabai' et 'Koshuu Yabai' sont les plus courants au Japon.

***Prunus serrulata* Cerisier du Japon** Le cerisier à fleurs est une image emblématique du Japon. De nombreux cerisiers à fleurs sont cultivés en bonsaïs, mais la plupart ne vivent pas vieux, car ils sont sensibles aux maladies bactériennes et fongiques. Choisissez des variétés pleureuses et créez une masse de branches pour mieux apprécier la superbe floraison printanière.

***Prunus spinosa* Prunellier** C'est le meilleur *Prunus* européen, idéal en bonsaï, avec beaucoup de caractère. Les branches ont des épines et l'arbre va fructifier si on laisse les fleurs. La défoliation est possible, mais veillez à ne pas affaiblir l'arbre. Une taille sélective est le meilleur moyen de réussir.

***Prunus tomentosa* Ragouminier** C'est une espèce rustique et résistante à la sécheresse, mais qui appréciera d'être bien arrosée et protégée en hiver.

Pseudocydonia sinensis

COGNASSIER DE CHINE

Cet arbre caduc appartient à la famille des rosacées. Il a une écorce caractéristique, des fleurs roses au printemps et il peut donner de gros fruits jaunes si on le laisse fructifier. Les branches mettent du temps à s'épaissir, mais y parviennent si l'arbre est vigoureux. Il préfère les climats chauds mais tolère le gel.
Rusticité/emplacement Rustique, zones 5-8. Protégez l'arbre des gels sévères. Le plein soleil en été est idéal.
Arrosage La plante demande beaucoup d'eau ; conservez toujours le terreau bien humide en été, et frais mais pas détrempé en hiver.
Engrais Fertilisez après la floraison et tout au long de la saison. Il apprécie les apports généreux d'engrais.
Rempotage/substrat Tous les deux ou trois ans, ou quand nécessaire. Procédez après la floraison et utilisez un mélange qui retient bien l'eau et les nutriments.
Parasites/maladies Le feu bactérien et les infections bactériennes ou fongiques sont les problèmes les plus sérieux.
Taille/mise en forme Pour maintenir la structure, laissez les nouvelles pousses s'allonger jusqu'à porter six ou sept feuilles, avant de les rabattre en automne à deux yeux. Procédez après la chute des feuilles. Les jeunes pousses sont souples mais les grosses branches cassent facilement. Il est déconseillé de défolier à moins que la plante soit très vigoureuse. Mais couper les feuilles en deux pour réduire leur taille diminue la vigueur des extrémités des pousses et permet à la lumière de pénétrer à l'intérieur de la plante. Des styles droits sont plus adaptés à cette plante.
Multiplication Semis ou boutures.

Punica granatum

GRENADIER

C'est un arbre caduc peu rustique. On voit souvent des bonsaïs aux troncs tordus, ou issus de sujets prélevés sur le pourtour méditerranéen. Ses fleurs, en été, sont suivies en automne par des fruits. Quand vous ôtez de grosses branches, soyez vigilant, l'arbre peut dépérir.
Rusticité/emplacement Gélif, zones 7-10. Protégez du gel et même des températures basses. Le plein soleil en été est conseillé.
Arrosage Arrosez bien vos grenadiers, surtout quand ils portent des fleurs ou fructifient. Le substrat doit être frais, pas trop humide en hiver.
Engrais Fertilisez pendant la croissance. Une fois que les fruits se sont formés, cessez les apports.
Rempotage/substrat Tous les deux ou trois ans, en fin de printemps, quand les températures sont remontées et que les bourgeons ont commencé à gonfler. Évitez si possible de trop tailler les racines. Utilisez un mélange qui retient l'eau et les nutriments.
Parasites/maladies Pucerons et cochenilles peuvent survenir
Taille/mise en forme Si vous cherchez à maintenir la structure, laissez les nouvelles pousses s'allonger à six ou sept feuilles avant de les rabattre à deux yeux. Si vous privilégiez la floraison, laissez les nouvelles pousses s'allonger jusqu'à ce qu'elles fleurissent. Rabattez les branches en automne, après la chute des feuilles. Les jeunes pousses sont souples, mais les grosses branches sont très cassantes. Préférez un style droit.
Multiplication Semis, boutures.

Pyracantha

PYRACANTHA, BUISSON ARDENT

C'est une espèce idéale pour les bonsaïs *shohin*, car les plantes sont robustes, portent de petites feuilles et de petits fruits et se cultivent facilement. C'est techniquement un persistant, mais il perd son vieux feuillage avant de le remplacer.
Rusticité/emplacement Sensible au gel, zones 7-10. Protégez l'arbre dès que les températures descendent en dessous de 5 °C. Donnez-lui le plein soleil en été. Il arrive que les oiseaux mangent les fruits en hiver.
Arrosage Conservez le substrat frais tout au long de la période de culture. Ne le laissez pas trop humide en hiver.
Engrais Fertilisez régulièrement tout au long de la belle saison.
Rempotage/substrat Tous les deux à trois ans pour les petits arbres, un peu moins pour les arbres plus grands. Un mélange pour plantes caduques convient. Évitez si possible de déranger les racines.
Parasites/maladies Feu bactérien, pucerons et cochenilles.
Taille/mise en forme Taillez pour former et ligaturez pour corriger la position des branches principales. Il pousse vigoureusement et dans toutes les directions. Une taille sélective et le pincement des jeunes pousses sont deux opérations essentielles. Tous les styles lui conviennent. On le voit souvent en cascade ou en groupe, surtout en *shohin*.
Multiplication Boutures ou semis.

Quercus

CHÊNES

C'est un genre immense, abritant plus de six cents espèces. Certaines conviennent à la culture en bonsaï, d'autres pas. Il peut être difficile de réduire la taille des feuilles chez certaines espèces. Stylisez comme pour d'autres arbres caducs. On peut créer des éléments de bois mort, notamment en forme de corne. Certaines des variétés les plus vigoureuses peuvent être défoliées.
Rusticité/emplacement Rustique, zones 5-10 selon les espèces. Protégez des gels sévères. Installez-le en plein soleil, dans un endroit bien ventilé.
Arrosage Conservez toute l'année le substrat frais, mais pas détrempé.
Engrais Pour les espèces dont vous voulez minimiser la taille des feuilles, attendez que ces dernières se soient complètement endurcies, avant de fertiliser. Sinon, fertilisez légèrement toute l'année, sauf si vous désirez un développement rapide. Les branches peuvent s'épaissir facilement, ayez la main légère.
Rempotage/substrat Tous les deux à trois ans pour les jeunes arbres, un peu moins pour les sujets plus âgés. L'opération réduira la taille des feuilles et la longueur des entre-nœuds.
Parasites/maladies L'oïdium est le plus gros problème, l'aération est donc primordiale. Ce n'est pas une maladie grave, mais elle est peu esthétique.
Taille/mise en forme Les pousses vigoureuses vont devenir dominantes si on les laisse croître. Taillez-les fortement aussitôt que possible, soit en les ôtant totalement ou en les rabattant à une feuille. Les pousses internes et latérales peuvent s'allonger un peu avant d'être stoppées dans leur croissance et taillées à une ou deux feuilles, une fois que le feuillage s'est endurci. Si les branches internes souffrent du manque de lumière, coupez les feuilles externes en deux ou bien défoliez la plante pour laisser la lumière pénétrer. Ligaturez les branches de manière lâche et mettez en forme. La taille directionnelle et la sélection des bourgeons sont les meilleurs moyens de développer la ramification.
Multiplication Semis ou marcottes.

***Quercus agrifolia* Chêne de Californie** La zone naturelle de ce chêne persistant est la Californie.

***Quercus cerris* Chêne chevelu** Cet arbre vigoureux à la croissance rapide a des feuilles pubescentes qui se colorent à l'automne.

***Quercus faginea* Chêne portugais** Ce chêne caduc ou semi-persistant se rencontre dans les îles Baléares. Il est rustique et tolère différentes conditions de sol.

***Quercus ilex* Chêne vert** Natif du sud de l'Europe, ce chêne persistant survivra en climat plus froid, à défaut de s'épanouir. En climat chaud, c'est un arbre vigoureux, qui peut être défolié. Il montre une dominance apicale, veillez à contenir la croissance.

***Quercus robur* Chêne pédonculé** Il est difficile (mais pas impossible) de faire ramifier et de réduire la taille des feuilles de cet arbre qui pousse lentement. C'est une image emblématique de la campagne anglaise.

***Quercus suber* Chêne liège** Il est semblable à *Quercus ilex*, mais avec une écorce liégeuse.

Rhododendron indicum

AZALÉE DES FLEURISTES

Ces arbustes à fleurs sont couramment traités en bonsaïs. Curieusement, les amateurs les plébiscitent, alors qu'ils ne sont pas spécialement tolérants aux fautes de culture. Mais si l'on comprend leurs besoins, on peut obtenir de beaux spécimens.

Les azalées sont des arbustes de terre de bruyère, qui prospèrent dans un substrat spécifique, le kanuma, qui a un pH idéal et une microstructure qui retient l'eau. Les racines sont très fines et forment souvent un matelas en surface. Si la pénétration de l'eau devient difficile, ôtez la croûte superficielle et remplacez-la par du sol neuf. Évitez de déranger les racines sauf si le terreau se compacte. Lors du rempotage, essayez de ne pas briser la motte racinaire et évitez de creuser à l'intérieur de la motte, sous le tronc. Les branches se forment de préférence dans la partie inférieure de la plante et l'apex peut s'affaiblir quand l'eau ne pénètre plus directement sous le tronc ou si les racines sont perturbées ou taillées sévèrement. S'il y a une différence visible entre le haut et le bas de la plante, taillez l'apex, mais en restant prudent.

Il est important de maintenir de jeunes branches secondaires et tertiaires, sinon, la plante, dans son ensemble, va perdre de la vigueur. Ne soyez pas effrayé par une taille sévère si l'arbuste est vigoureux. Cela le maintient en bonne santé. Alors que l'arbre va se détériorer si on ne le taille pas. Des plantes en bonne santé peuvent être taillées jusqu'à ce qu'il ne reste plus de feuilles. Dans le mois suivant, de nouvelles pousses vont apparaître partout sur l'arbuste.

Les azalées des fleuristes fleurissent en fin de printemps ou en début d'été, et le choix est immense : des centaines de variétés sont disponibles en une multitude de couleurs, de formes et de types de feuillage. Chacune a sa propre personnalité. Tous les styles et toutes les tailles sont possibles, mais veillez à ce que les dimensions des feuilles et des fleurs s'accordent. Certaines variétés vont s'épaissir très lentement, d'autres beaucoup plus vite. D'autres encore, comme *R. obtusum*, sont utilisées de temps en temps. Mais les meilleurs résultats sont obtenus avec *R. indicum*.

Rusticité/emplacement Rustiques, zones 6-9. Protégez des gels sévères. L'écorce est très mince et craquelle, gèle, ce qui endommage sérieusement l'aspect de la plante. Installez-la en plein soleil jusqu'à 32 °C, puis à la mi-ombre en milieu de journée.
Arrosage Ces plantes demandent beaucoup de fraîcheur, ne les laissez pas sécher. Prenez en compte la saison et la vitesse de dessèchement du sol.
Engrais Les azalées sont gourmandes et apprécient de généreuses doses d'engrais. Stoppez les apports durant la floraison, et le reste du temps, fertilisez régulièrement tout au long de la saison.
Rempotage/substrat Rempotez quand la surface du sol l'exige. Évitez d'abîmer le cœur de la motte racinaire et assurez-vous que l'eau peut pénétrer sous le tronc. Utilisez du kanuma fin et plantez dans des pots un peu plus grands que pour les autres plantes. Assurez-vous que le *nebari* ne touche pas bord du pot ou qu'il n'est pas trop exposé en surface. Le printemps est la meilleure époque de rempotage, et il encore possible de le faire après la floraison.
Parasites/maladies Les araignées rouges, les mouches blanches, les cécidomyies, les cochenilles, la galle foliaire sont les problèmes les plus communs. Surveillez l'apparition de décolorations ou de taches foliaires. Un feuillage qui jaunit peut être le signe d'une chlorose ou d'un problème de nutrition.
Taille/mise en forme Les azalées peuvent prendre presque tous les styles – même des formes très abstraites –, car leur port est naturellement en buisson. Les jeunes branches de moins de trois ans peuvent être ligaturées et courbées, mais une fois qu'elles se sont lignifiées, elles sont très cassantes. Une taille sévère durant la période de croissance va entraîner le développement de nombreux bourgeons. Mais la meilleure époque pour procéder est après le départ de la croissance, au printemps ou après la floraison, quand toutes les fleurs doivent être supprimées et les branches taillées sévèrement. Assurez-vous que le nouveau feuillage aura bien le temps de s'endurcir avant les froids de l'automne (*voir pp. 122-125 pour plus de détails*).
Multiplication Les boutures reprennent très facilement.

***Rhododendron indicum* 'Hakurei'**
Fleurs blanches et petites feuilles.

***Rhododendron indicum* 'Hoshi-no-kagayaki'**
Fleurs pourpre foncé et petites feuilles.

***Rhododendron indicum* 'Kaho'**
Il porte de grandes fleurs multicolores et de grandes feuilles ovales.

***Rhododendron indicum* 'Kinsai'**
Fleurs rouges, feuilles minces. Il a tendance à développer de longues pousses qui demandent une taille régulière.

***Rhododendron indicum* 'Korin'** Fleurs roses en étoiles et petites feuilles.

***Rhododendron indicum* 'Osakazuki'** Fleurs roses, feuilles vert foncé et silhouette en buisson très vigoureuse.

Rosmarinus officinalis

ROMARIN

Cette plante aromatique allie du bois mort spectaculaire à un feuillage délicat, qui correctement conduit, donne des coussins de feuillage dense. Il a la réputation d'être difficile à travailler. Mais avec du soin et de la délicatesse, il va s'épanouir. Natif du bassin méditerranéen, il apprécie le temps chaud et ne demande qu'une protection basique en hiver.
Rusticité/emplacement Le romarin demande de l'eau en été quand il fait chaud. Ne le laissez pas sécher. Il reste aussi actif en hiver, même quand les températures sont basses. Veillez à ce que le terreau reste frais, mais pas détrempé.
Arrosage Le romarin demande de l'eau en été quand il fait chaud. Ne le laissez pas sécher. Il reste aussi actif en hiver, même quand les températures sont basses. Veillez à ce que le terreau reste frais, mais pas détrempé.
Engrais Fertilisez légèrement durant la période de croissance, sans excès.
Rempotage/substrat Il faut être délicat, car les racines sont fragiles et se cassent facilement. Il développe un fin chevelu racinaire, il lui faut donc un substrat à la granulométrie fine. Un mélange pour conifères à base de pierre volcanique convient. Une fois qu'il est établi, essayez de le laisser dans son pot aussi longtemps que possible.
Parasites/maladies Généralement indemne de maladies.
Taille/mise en forme La taille est importante : le feuillage interne sèche si on le laisse s'allonger en permanence. Rabattez toujours au-dessus d'un bourgeon qui paraît actif. Ne taillez pas toute la plante d'un coup, surtout en été, car les extrémités actives, en tirant l'eau des racines, ont un rôle important. Traitez-le comme un genévrier, en rabattant les pousses. Il est possible de ligaturer, bien que les branches âgées soient très cassantes. Essayez de ne pas donner trop de mouvement aux branches les plus vieilles.
Multiplication Les boutures reprennent généralement très bien.

Sageretia thea

ARBRE À PLUMES

C'est une plante d'intérieur courante. Elle porte de petites feuilles ovales et son écorce est rugueuse. Les toutes petites fleurs sont suivies par des baies bleues.
Rusticité/emplacement Gélif, zones 9-11. La température idéale oscille entre 12 °C et 18 °C en hiver et 18-24 °C en été. La plante a besoin d'une chute des températures durant la nuit. Si vous la cultivez à l'intérieur, veillez à ne pas trop chauffer, et fournissez-lui beaucoup de lumière.

Arrosage Ne le laissez jamais sécher, surtout quand il est cultivé en intérieur. Une forte humidité est idéale.
Engrais Fertilisez tout au long de la période de croissance, moins en hiver.
Rempotage/substrat Tous les deux ou trois ans, dans un mélange pour plantes d'intérieur qui garde la fraîcheur.
Parasites/maladies Pucerons, mouches blanches et oïdium peuvent poser problème.
Taille/mise en forme Taillez en permanence pour former la plante. Elle émet de nombreux bourgeons et pousses, on peut donc se passer de ligaturer. Utilisez la taille directionnelle, puis la méthode du *clip'n'grow*.
Multiplication Boutures.

Salix babylonica

SAULE PLEUREUR

Cet arbre caduc est beau en été. Il vous faudra recréer la délicatesse d'un saule pleureur et éviter les branches épaisses et lourdes. D'autres espèces de saule conviennent. Il est toujours préférable de choisir des espèces à petites feuilles.
Rusticité/emplacement Rustique, zones 5-9. Protégez l'arbre du gel.
Arrosage C'est une plante qui a toujours soif et ne verra aucun inconvénient à séjourner les pieds dans l'eau en été. Donnez-lui un plateau suffisamment profond, sinon, il va surchauffer et les racines vont avoir trop chaud. Conservez le substrat frais mais pas détrempé en hiver.
Engrais Fertilisez régulièrement tout au long de la période de croissance.
Rempotage/substrat Rempotez chaque année, voire deux fois par an si l'arbre est vigoureux. Utilisez un mélange standard pour plantes caduques.
Parasites/maladies Pucerons, chenilles et cochenilles peuvent survenir.
Taille/mise en forme Laissez les pousses s'allonger, puis orientez-les vers le bas à la main, ou bien ligaturez-les en style pleureur. Les branches s'épaississent vite, ne laissez pas les fils endommager l'écorce. Taillez sévèrement en automne, au-dessus d'un bourgeon qui pointe vers le haut. Les branches tertiaires sont remplacées chaque année.
Multiplication Les boutures reprennent facilement. Plus elles sont épaisses, mieux c'est.

Serissa japonica

ARBRE AUX MILLE ÉTOILES

C'est une plante d'intérieur pour les régions du nord. L'écorce et les racines dégagent une odeur déplaisante et la plante peut s'avérer difficile à cultiver. Un bon emplacement est primordial. Elle porte de très petites fleurs et une ramification dense.
Rusticité/emplacement Gélif, zones 8-11. Si vous cultivez cette plante à l'intérieur, trouvez-lui un emplacement humide, pas trop froid et sans courants d'air. Ne l'installez pas trop près d'un radiateur car elle va sécher.
Arrosage Ne la laissez pas sécher. Conservez le substrat frais toute l'année, mais pas mouillé en permanence. Laissez la surface sécher un peu avant d'arroser. Pulvérisez de l'eau sur les feuilles.
Engrais Fertilisez légèrement tout au long de la période de croissance.
Rempotage/substrat Tout les deux à trois ans, dans un mélange standard pour plantes d'intérieur.
Parasites/maladies Cochenilles. Un feuillage qui jaunit est souvent dû à un mauvais emplacement.
Taille/mise en forme Taillez tout au long de l'année pour former l'arbre. Il émet de nombreux bourgeons et pousses, on peut donc se passer de ligaturer. Utilisez la taille directionnelle, puis la méthode du *clip'n'grow*.
Multiplication Boutures.

Stewartia monadelpha

STEWARTIA

Cet élégant arbre caduc à l'écorce cuivrée qui se desquame fleurit en été et a de belles couleurs d'automne. Il peut être un peu difficile à conserver en climat froid.
Rusticité/emplacement Assez rustique, zones 6-9. Protégez-le des gels sévères et de toute température négative. Le plein soleil est préférable, sauf au cœur de l'été, où il apprécie la mi-ombre.
Arrosage Ne le laissez pas sécher durant toute la période de croissance et en hiver, conservez le substrat frais mais non détrempé.
Engrais Comme pour les érables (*Acer*). Attendez que les pousses se soient endurcies.
Rempotage/substrat Tous les deux ou trois ans au printemps, dans un mélange pour plantes caduques.
Parasites/maladies La plante est généralement saine.
Taille/mise en forme Il est idéal pour les formes droites. Il donne d'élégants arbres avec des branches dirigées vers le haut et une ramification délicate.
Multiplication Semis, boutures.

Tamarix chinensis

TAMARIS D'ÉTÉ

Cet arbuste ou petit arbre caduc a un feuillage plumeux et vaporeux caractéristique, au port pleureur. Stylisez comme le saule. Les branches sèchent en fin d'année. Un style pleureur est idéal, mais il existe d'incroyables sujets collectés dans la nature et présentant de beaux éléments de bois mort.
Rusticité/emplacement Rustique, zones 7-10. Protégez-le des gels sévères et donnez-lui le plein soleil en été, sauf si les arrosages posent problème.
Arrosage Conservez le substrat humide tout l'été. C'est une plante qui boit beaucoup. Gardez le substrat frais en hiver, mais pas détrempé.
Engrais Tout au long de la période de croissance.
Rempotage/substrat Tous les ans si nécessaire ; sinon, tous les deux à trois ans, dans un mélange pour conifères, bien aéré. Rempotez au printemps quand les bourgeons gonflent.
Parasites/maladies La plante est généralement saine.
Taille/mise en forme Comme pour le saule (*Salix*).
Multiplication Boutures, marcottes.

Taxodium distichum

CYPRÈS CHAUVE

L'arbre a un port très caractéristique, avec un sommet aplati et la base du tronc très élargie. C'est un conifère caduc, au feuillage vaporeux et qui pousse à l'état naturel dans les marais.
Rusticité/emplacement Rustique, zones 4-10. Protégez-le des grands froids. Installez-le en été à la mi-ombre quand il fait très chaud et en plein soleil dans les climats plus tempérés.
Arrosage Conservez le substrat mouillé toute l'année. L'arbre supporte les marais anaérobiques, mais n'a pas besoin de vivre les pieds dans l'eau en permanence.
Engrais Fertilisez abondamment durant la saison de croissance.
Rempotage/substrat Rempotez durant la période de dormance. Utilisez un mélange pour conifères qui retient l'eau tout en restant aéré.
Parasites/maladies Généralement indemne de maladies.
Taille/mise en forme Les jeunes branches ont tendance à pousser vers le haut, mais on recherche plutôt un effet contraire, avec des branches pleureuses. Elles peuvent si nécessaire être courbées dès la base. Recouvrez de raphia les grosses branches qui doivent être ligaturées, pour les protéger avant d'enrouler le fil. Rabattez les pousses en été, pour favoriser l'émission de bourgeons adventices.
Multiplication Les boutures reprennent très bien.

Taxus

IF

C'est un conifère qui est souvent utilisé en bonsaï, et qui est parfait en climat doux et humide. Un arbre sain va émettre des bourgeons à profusion, même sur le tronc. Il est relativement facile de former des coussins de feuillage denses, une fois que le squelette de base est en place, grâce à des pincements réguliers et à des tailles pour stimuler la formation de nouveaux bourgeons. Ôter une partie du feuillage ancien peut aussi entraîner la formation de bourgeons adventices, mais ne réduisez pas le feuillage de manière drastique. On peut voir du bois mort, ou des cavités dans le tronc sur les arbres cultivés, bien que les *yamadori* prélevés dans la nature peuvent présenter du bois très dur. Comme les genévriers, les ifs montrent une continuité entre les racines et les veines vivantes du bois.
Rusticité/emplacement Rustique, zones 4-8. Protégez-le des gels sévères, car les racines sont charnues et fragiles. Le plein soleil est parfait au printemps et en automne, mais installez la plante à mi-ombre en été, quand il fait très chaud.

Arrosage Conservez le terreau frais toute l'année. Comme les genévriers, ils peuvent supporter un peu de sécheresse, mais ils préfèrent des arrosages réguliers. Un substrat bien aéré empêchera l'humidité de stagner – ils n'aiment pas avoir les pieds dans l'eau en permanence car leurs racines pourrissent.
Engrais Fertilisez régulièrement durant toute la période de croissance.
Rempotage/substrat Comme pour les genévriers. Les racines sont assez délicates, surtout sur les arbres prélevés dans la nature. Ne taillez pas trop et n'ôtez pas trop de terreau.
Parasites/maladies Les cochenilles et la pourriture des racines sont les seuls vrais problèmes. Les cochenilles sont difficiles à détecter, car elles ressemblent à des bourgeons en formation sur les branches.
Taille/mise en forme Le bois mort est toujours intéressant, même si on ne peut le comparer à celui des genévriers. Les ifs peuvent être ligaturés et les branches se courbent assez facilement. Les grosses branches en revanche sont difficiles à manipuler. Le mieux est de créer un squelette avec des branches dans des plans successifs, puis de laisser s'allonger les pousses avant de les pincer pour favoriser la formation de bourgeons. Ne ligaturez pas trop les jeunes branches ; la taille directionnelle et les pincements réguliers vont vite entraîner la formation de coussins de feuillage bien ramifiés. Les branches vont finir par être très compactes et pousser vers le haut.
Multiplication Boutures ou marcottes.

***Taxus baccata* If européen** En automne, on peut obtenir des baies rouges qui se détachent sur un feuillage vert foncé. Il convient très bien aux climats de l'Europe du nord. Il existe plus de 200 variétés ornementales, mais beaucoup sont trop faibles ou ne conviennent pas pour la culture en bonsaï.

***Taxus cuspidata* If du Japon** Il est d'un vert légèrement plus clair et se montre un peu moins vigoureux que *T. baccata*. On trouve de nombreux sujets importés.

Tsuga

PRUCHE

Ce conifère est semblable en de nombreux points aux *Taxus*. Il préfère les climats un peu plus froids, plus humides, moins ensoleillés. Formez-le et entretenez-le comme un if.
Rusticité/emplacement Rustique, zones 3-7. Protégez-le des vents froids en hiver et des gels sévères. Installez-le à mi-ombre en climat chaud.
Arrosage Comme les ifs, il préfère un sol frais qui ne soit pas détrempé.
Engrais Fertilisez régulièrement tout au long de la saison.
Rempotage/substrat Essayez de ne pas déranger l'arbre, tant que le substrat reste poreux et rempotez quand cela s'avère nécessaire. Utilisez un mélange pour conifères.
Parasites/maladies La plante est généralement indemne de maladies.
Taille/mise en forme Pincez durant toute la période de croissance l'extrémité des jeunes pousses, pour conserver la forme. Laissez les nouvelles pousses s'allonger, ligaturez pour former, puis pincez pour que de nouveaux bourgeons se forment. Laissez-les pousser avant de répéter l'opération. Les ligatures mordent facilement l'écorce, soyez vigilant. Le port est souvent multi-troncs. On peut aussi avoir un tronc fin avec des branches étalées. Il existe de spectaculaires sujets collectés dans la nature.
Multiplication Semis ou boutures.

***Tsuga canadensis* Pruche du Canada** Il porte de grandes fleurs multicolores et de larges feuilles ovales.

***Tsuga heterophylla* Pruche de l'Ouest** La plante porte de courtes feuilles brillantes, semblables à des aiguilles, qui deviennent plus foncées en vieillissant.

Ulmus

ORME

Cet arbre caduc fait un bonsaï idéal, car il se ramifie vite. Il peut pousser très vigoureusement et l'on peut donc obtenir des résultats rapides, surtout si l'on travaille avec méticulosité. Il supporte des défoliations répétées, qui donnent de très petites feuilles.
Rusticité/emplacement Rustique, zones 5-9. Protégez les pots du gel. Installez en plein soleil tant que la température ne dépasse pas 32 °C.
Arrosage Conservez le substrat frais toute l'année. Évitez les excès d'arrosage si vous le cultivez à l'intérieur.
Engrais Fertilisez régulièrement tout au long de la période de croissance. Cela n'affecte pas trop la longueur des entre-nœuds, ni la taille des feuilles, mais ne forcez pas trop sur les engrais si vous recherchez une ramification compacte.
Rempotage/substrat Tous les deux ou trois ans. Équilibrez la croissance des racines assez tôt : les sujets importés ont souvent une ou deux fortes racines, qui doivent être taillées, pour laisser les racines latérales plus faibles se développer. Utilisez un substrat pour plantes caduques.
Parasites/maladies Les pucerons et les galles apparaissent parfois.
Taille/mise en forme On utilise la méthode du *clip'n'grow*. Laissez les nouvelles pousses s'allonger si vous recherchez de l'épaisseur, avant de rabattre à un ou deux yeux. Quand vous construisez la ramification, laissez les pousses s'allonger jusqu'à porter trois ou quatre feuilles, avant de rabattre à deux feuilles. Une fois qu'elles se sont endurcies, défoliez. De nouvelles pousses vont apparaître, répétez le processus. On peut faire cela plusieurs fois au cours de l'année, mais défoliez moins les branches intérieures plus faibles.
Multiplication Boutures ou marcottes.

***Ulmus glabra* Orme de montagne** Cet arbre arrondi, à l'écorce brun gris, arbore un feuillage d'automne jaune.

***Ulmus* x *hollandica* 'Jacqueline Hillier' Orme de Hollande 'Jacqueline Hillier'**
Cette variété naine a un port naturel très dense et de petites feuilles. La plante est idéale pour des petits bonsaïs.

***Ulmus parvifolia* Orme de Chine** C'est l'un des arbres les plus utilisés par les débutants. Il peut être cultivé à l'intérieur sur un rebord de fenêtre bien éclairé, ou bien à l'extérieur. Il est très rustique. Bien que caduc, il conservera souvent ses feuilles s'il est cultivé à l'intérieur. Avec un travail méticuleux, les ormes de Chine peuvent devenir, avec l'âge, de remarquables sujets. C'est une plante sous-utilisée, à cause de ses débuts souvent très humbles.

***Ulmus procera* Orme champêtre** C'est un arbre érigé, à l'écorce brun gris et aux feuilles vert foncé qui virent au jaune en automne.

Wisteria

GLYCINE

Cette plante grimpante caduque fleurit en été, en grandes grappes généralement violettes.
Rusticité/emplacement Rustique, zones 4-9. Protégez les pots du gel. Installez en plein soleil, sauf quand il fait très chaud (plus de 32 °C).
Arrosage Les glycines demandent beaucoup d'eau en été. Laissez-les baigner dans un plateau rempli d'eau durant les mois les plus chauds. Conservez le terreau frais, mais pas détrempé en hiver.
Engrais Fertilisez abondamment pour favoriser la croissance végétative, mais n'apportez pas d'azote quand vous voulez encourager la floraison.
Rempotage/substrat Laissez les racines remplir le pot si vous voulez que la plante fleurisse. Laisser les racines pousser va encourager la croissance du feuillage et le développement des branches. Utilisez un substrat qui retient l'eau et les nutriments. Rempotez au printemps.
Parasites/maladies Pucerons et cochenilles peuvent poser problème.
Taille/mise en forme Il est difficile de construire la ramification au sens traditionnel du mot. Taillez les pousses après la floraison, puis quand les tiges s'allongent. Taillez sévèrement en automne si la plante a perdu sa forme. Donnez-lui un style qui mette en valeur les fleurs plutôt que d'essayer de créer une structure.
Multiplication Boutures ou marcottes.

Zelkova serrata

ORME DE SIBÉRIE

Son entretien et sa conduite sont très semblables à ceux des ormes. Il est souvent formé en balai, mais on peut lui donner un autre style. Voir *Ulmus*,

Glossaire

Les amateurs de bonsaïs, quelle que soit leur nationalité, utilisent des vocables japonais, plus succincts ou plus compréhensibles que leur traduction. Vous trouverez ici les plus fréquents.

Termes relatifs à la taille des bonsaïs

Il existe des grandes catégories. Mais le classement est plus subjectif que précis.
Mame Les arbres les plus petits, jusqu'à environ 10 cm.
Shohin Les petits arbres jusqu'à environ 25 cm.
Kifu Les arbres de taille moyenne, jusqu'à 35 cm.
Chuhin Les arbres de taille moyenne jusqu'à 45 cm.
Les arbres plus grands sont techniquement appelés des *oogata* ou des *oomono*. Mais en pratique, ces termes sont très rarement employés.

Autres termes japonais

Jin Un élément de bois mort créé à partir d'une branche. Un *tenjin* s'étend au-dessus et derrière la cime de l'arbre.
Shari Un élément de bois mort sur le tronc.
Uro Un élément creux, faisant partie du bois mort sur le tronc, et que l'on voit souvent sur les ifs.
Nebari La surface des racines et la base du tronc. Il donne le caractère de l'arbre et sa direction.
Yamadori Un arbre prélevé dans la nature, littéralement « pris à la montagne ».
Mochikomi C'est ce que dégage l'arbre, une fois qu'il a pris de l'âge, de la personnalité, qu'il s'est raffiné, après de longues années de culture en pot en tant que bonsaï.

Termes d'horticulture et autres

À l'étroit dans son pot Situation advenant quand les racines ont rempli le pot, que la surface du terreau devient très dure et qu'il n'y a plus de place pour de nouvelles racines.
Avec un bonsaï mature, le stade juste avant cette situation est idéal pour restreindre la croissance et la taille des feuilles – mais un arbre ne doit pas rester trop à l'étroit dans son pot, au risque de s'affaiblir irrémédiablement.

Apex Extrémité supérieure de l'arbre, formée généralement par plusieurs branches. Les arbres ont tendance à pousser vers le haut et à montrer une dominance apicale, déterminée par la production d'auxine.

Auxine Hormone végétale qui contrôle la croissance. Les auxines produites dans l'apex empêchent la croissance des bourgeons qui sont situés sous l'apex. Tailler les extrémités des branches supprime la production d'auxine, ce qui favorise la pousse des bourgeons adventices.

Bourgeon adventice Bourgeon qui se développe sur une branche ou sur un tronc, n'importe où, sauf sur le méristème apical. Ils sont essentiels au développement du bonsaï.

Branches Branches primaires qui poussent directement dans le prolongement du tronc. Les branches secondaires sont celles qui partent de ces branches primaires. Les branches tertiaires sont les plus fines, elles donnent la ramification.

Cal Ensemble du bois qui se forme autour d'une blessure. L'idéal est que la blessure cicatrise très vite et de manière esthétique, pour qu'à la fin, le cal disparaisse.

Chandelle Nouvelles pousses des pins, au stade où elles s'allongent avant que les aiguilles ne sortent et ne se développent. Selon l'espèce, on peut couper entièrement les chandelles, ou bien seulement pincer leurs extrémités pour réguler la croissance.

Chaux soufrée Produit chimique à base de soufre et de chaux. Utilisez une dilution d'une part de chaux soufrée dans 2 ou 3 parts d'eau, pour « blanchir » le bois mort et pour le protéger des bactéries ou des champignons lignivores.

Défoliation Suppression intentionnelle des feuilles sur un arbre caduc, pour stimuler la croissance, augmenter la ramification et réduire la taille des feuilles.

Dessèchement Mort d'une branche ou du tronc, suite à une maladie, une blessure ou le plus souvent à une taille sévère.

Dessiccation Assèchement par manque d'eau. Peut s'appliquer aux feuilles, aux racines ou aux veines vivantes du bois.

Dominant S'applique à la pousse apicale vigoureuse, au sommet du tronc ou à l'extrémité d'une branche.

Effiler Réduire l'épaisseur d'une branche ou d'un tronc, du bas vers le haut (conicité). Les branches ou les troncs non effilés apparaissent comme très jeunes et peu intéressants. On y parvient en taillant une branche au-dessus d'une branche plus fine, qu'on laisse ensuite s'étendre et devenir le nouveau leader.

Entre-nœud Distance entre deux nœuds. Sur les arbres caducs, la longueur des entre-nœuds doit se réduire au fur et à mesure que l'on s'éloigne du départ de la branche.

Espace négatif Espace vide existant à l'intérieur et autour d'un bonsaï. C'est un élément important dans la composition du bonsaï. L'espace vide ajoute de la profondeur à la présentation, mais introduit aussi du mystère, du mouvement ou de la simplicité.

Feuillage Feuilles ou aiguilles vertes sur un arbre. Le type de feuillage est important : on préfère toujours un feuillage compact et des feuilles de petite taille.

Feuillage juvénile On l'observe généralement sur les genévriers. Les jeunes pousses ont une structure épineuse, comme des aiguilles ; le feuillage mature est plus beau, plus charnu. Le feuillage juvénile pousse quand l'arbre a besoin rapidement d'énergie générée par la photosynthèse. Une taille excessive des racines entraîne souvent la pousse brutale de feuillage juvénile.

Greffe Technique de multiplication qui accole les tissus de deux plantes. Pour les bonsaïs, on fait cela le plus souvent pour améliorer le placement des branches : les bourgeons et les branches peuvent être greffés là où il faut. On greffe par approche, en écusson, par rameau traversant.

Mycélium, mycorhize Relation symbiotique bénéfique entre un champignon et les racines d'une plante. On l'observe souvent chez les pins, mais elle existe dans presque toutes les espèces. Les champignons demandent un environnement aérobie pour se développer ; l'équilibre entre l'oxygène et l'eau à l'intérieur du pot est important.

Nœud Endroit sur une plante où les bourgeons, les feuilles et les branches se forment. Il faut éviter d'avoir trop de branches partant d'un même point. Sur les arbres caducs, l'idéal est un maximum de deux.

Pincement Type de taille qui consiste à supprimer les pousses tendres à la main, en les pinçant entre le pouce et l'index. Pour de nombreuses espèces, les genévriers notamment, les pincements sont déconseillés.

Plante compagne (Kusamono, Shitakusa) Petite plante qui accompagne le bonsaï et accentue la notion de saison, ou bien qui participe à la création d'une image intéressante et cohérente.

Ramification Structure formée par les branches. On se réfère généralement aux fins rameaux qui forment les branches tertiaires sur les arbres caducs. L'idéal, ce sont des branches qui se scindent en deux, ensuite en deux puis encore en deux... etc., avec, à chaque fois, un changement d'épaisseur et de direction.

Substrat Terme général désignant le mélange terreux utilisé pour la culture des bonsaïs. Ce n'est pas le même sol que la terre de votre jardin, mais généralement un mélange de matériaux inorganiques qui ont chacun une fonction précise (*voir p. 41*).

Systémique S'applique aux pesticides ou aux fongicides chimiques absorbés par la plante, soit par les racines, soit par le feuillage, et qui tue les parasites de l'intérieur quand la plante est attaquée. Il existe un autre type de pesticide, dit de contact, qui agit quand l'insecte entre en contact direct avec lui.

Index

Adresses

Clubs, associations, cours

• European Bonsaï Association : www.ebabonsai.com

• Noelanders Trophy (Belgique) www.bonsaiassociation.be/en/ phy.php

nion du bonsaï français (UBF) : p://uniondubonsaifrancais.fr/

Fédération française du bonsaï : www.ffbonsai.com

• Ecole européenne du bonsaï : www.eebf.fr

• Ecole et pépinière Bonsaï San : www.bonsai-san.com

Magazines, forums et blogs

• Esprit Bonsaï : www.esprit-bonsai.com

• Bonsaï Focus : www. bonsaifocus.com

• France Bonsaï : www. jardinpress.com

• International Bonsai Magazine : www.internationalbonsai.com/

• actubonsai.com

• bonsai-kazari.fr

• Esprits de Goshin : hwww. espritsdegoshin.fr

Pépinières et professionnels

• Bonsaï Rémy Samson : www. lebonsai.com/store

• Pépinière bonsaï de Jacques Galinou : www.galinou-bonsai.fr

• Le jardin du Levant : www. lejardindulevant.fr

• Jardin Arboretum de Bonsaï : www.bonsai-arboretum.com/ pepiniere

• Pépinière Destination bonsaï : destination-bonsai.com

• Pépinière Brundu BonsaÏ : www. brundubonsai.fr

• Peter Warren www.saruyama. co.uk

Pots et matériel

• poterie-du-monde.com

• engrais-bonsai.com

• Greg-ceramics : www.greg-ceramics.com/

• Poterie de Puymoyen : www. poteriedepuymoyen.com

• Atelier Shibui- 30700 Uzès (sur RDV)

• Patrice Bongrand : www. patrice-bongrand.com

• Terre en Vadrouille : www. terreenvadrouille.blogspot.com

• Jobois (tablettes) jobois.skyrock. com/

Où voir des bonsaïs ?

• Musée du Bonsaï à Biot (06)
http://museedubonsai.free.fr

• Musée du Bonsaï à Châtenay-Malabry (Remy Samson)
lebonsai.com

• Parc Floral de Paris : www. parcfloraldeparis.com

• Royal horticultural Society
Jardin japonais avec expo de bonsai
RHS Garden Wisley, Woking, GU23 6QB, United Kingdom
0845 260 9000- rhs.org.uk/wisley

• National Bonsai Collection
The Birmingham Botanical Gardens, Westbourne Road
Edgbaston Birmingham B15 3TR
Tel: 0121 454 1860- www. birminghambotanicalgardens.org. uk

• Expositions permanente aux Royal Botanic Gardens
Kew Road, Hounslow, Hounslow, W4 3, United Kingdom
020 8332 5655- www.kew.org/ places/kew/bonsaihouse.html

À propos de l'auteur

Peter Warren est un artiste amateur de bonsaïs basé à Londres et internationalement reconnu. Il a consacré six ans d'études traditionnelles comme apprenti auprès du maître japonais Kunio Kobayashi. Peter a ensuite voyagé dans le monde entier, il a largement enseigné, travaillé avec des collectionneurs et des amateurs passionnés. Il a voulu marier le meilleur des idées et des techniques japonaises avec l'esthétique et les arbres occidentaux. Son travail est exposé dans les endroits les plus prestigieux au Japon, en Amérique du Nord et en Europe. Peter écrit des livres, traduit des articles pour des publications web et papier, dont les magazines *Bonsai Focus* et *International Bonsai.*

Remerciements

Remerciements de l'auteur

Je voudrais rendre hommage à feu Harry Tomlinson, un auteur qui a inspiré des générations d'amateurs passionnés de bonsaïs. Je voudrais aussi remercier tout ceux qui m'ont aidé à donner vie à ce livre – ceux qui m'ont fourni des arbres, ceux qui m'ont inspiré, appris et encouragé – et parmi ceux-ci, Minoru Akiyama, Gavin Allen, John Armitage, Thorhammer Beowulf, John Brocklehurst, Peter Chan, Ian Cuppleditch, Zac Dziumak (Zacs Bonsai Ltd), Michael Feduccia, Carole et Philip Jones, Kunio Kobayashi, Ken Leaver, Ryan Neil, John Pitt, David Prescott, Mike Rose, Peter Snart, Satomi Uchida, William N. Valavanis et Lee Verhorevoort.

Remerciements de l'éditeur

L'éditeur remercie les professionnels et les amateurs qui ont généreusement prêté les arbres photographiés dans cet ouvrage. Un grand merci à ceux qui ont accueilli nos prises photographiques : Ian Cuppleditch, de British Bonsai, et sa famille ; Peter et Dawn Chan de Herons Bonsai : Will Heap et Kate Turner; John Pitt de John Pitt Ceramics ; Ryan Neil, d'International Bonsai Mirai ; Mangala Rao ; Thorhammer et Melissa Beowulf ; et Peter Warren. Merci également à Chris Hornbecker et Suhas Aslikar pour les prises de vues aux États-Unis et en Inde, à Tim Priest pour ses photos de genévrier des Rocheuses ; un merci spécial à Will Heap pour les superbes photographies qui émaillent ce livre. L'éditeur veut aussi remercier Andrew Fenney de Design Eden (www.designeden.co.uk) et son client, Gavin Shreeve pour la photo de bonsaï exposé dans un jardin de Londres (p. 34 en bas à gauche) et pour ses suggestions de lieux ; Debbie Roberts et Ian Smith d'Acres Wild Ldt – paysagistes primés dans le sud-est de l'Angleterre – m'ont aussi aidé à trouver des endroits pour faire des photos ; voir www.acreswild.co.uk.

Merci aussi à Feature Wall et Floor Company pour les matériaux et le décor utilisés en arrière-plan (www.featurewallandfloor.co.uk). Merci à Lizzie Harper pour ses illustrations ; Hillary Mandleberg et Mary Corfield pour leur aide éditoriale et leur relecture ; Jane Coulter pour l'index ; Stephen Crozier pour ses retouches photographiques et Sarah Hopper pour l'iconographie.

Crédit photographiques

L'éditeur remercie les photographes suivants pour leurs photographies :
Suhas Aslikar : 5, 64 (toutes), 68-69 (toutes), 84-85 (toutes), 88 (toutes), 89 (toutes), 144 (en haut à droite)
Chris Hornbecker : 6-7, 11 (en bas, au centre), 13 (en bas, à droite), 30, 47 (en haut à droite), 90 (toutes), 91 (toutes), 92 (toutes), 93 (toutes)
Debbie Patterson : 73 (centre), 86 (au centre, à gauche)
Tim Priest M. Photog., CR : couverture, 12 (en bas à droite), 50-51
William N. Valavanis : 75 (au centre à droite)

L'éditeur remercie la Librairie du Congrès, Washington D. C. qui l'a autorisé à reproduire ses photographies : Torii, Kiyonaga, page 10 (en haut à gauche).